ISBN: 978-3-9825108-7-3 (amazon.de)
ISBN: 978-9-4037053-6-1 (bookmundo)

50 Mit einem Lächeln ins nächste Jahrzehnt

10 heitere Geschichten und ein Gute-Laune-Plan für mehr Gelassenheit und Freude zum 50. Geburtstag

Ulrike Wenger

INHALT

ES GIBT EIN LEBEN NACH DER FÜNFZIG
Petra Schirmer

„Also dann hätten wir's für heute, denke ich." Krause blätterte akribisch seine Zettel durch. Gott sei Dank! Ulrike klappte in hoffnungsvoller Erwartung ihren Schreibblock zu und steckte die Kappe auf ihren Stift.

Vor etwa einem halben Jahr hatte Krause den Stuhl des Chefredakteurs erklommen. Seitdem dauerten die Redaktionssitzungen doppelt so lange. Leider besaß er keinerlei Führungsqualitäten. Dafür war er unschlagbar im Pläneschmieden und vor allem hörte er sich gern reden. Er liebte es, wenn seine Zuhörer mit großen Augen und offenen Mündern an seinen Lippen klebten, und er ließ keine Gelegenheit aus, dem geneigten Publikum seine Visionen darzulegen. Der Laden müsse von Grund auf modernisiert werden, hatte er bei seinem Amtsantritt verkündet. Bis Jahresende wollte er die Zahl der Abonnenten verdoppeln. Dazu mussten vor allem die Arbeitsabläufe besser koordiniert werden. Mehr Effizienz war angesagt. Dem konnte sie nur zustimmen. Ein erster Ansatz wäre gewesen, seine endlosen Meetings zu verkürzen.

Der Flurfunk munkelte, dass er den Job nur ergattert hatte, weil er erstens ein Mann war und zweitens eine intensive Beziehung zur Chefetage pflegte. Eigentlich hätte doch Ulrike die Beförderung zugestanden, empörten sich die Kollegen bei ihren Mikro-Meetings in der Teeküche. Schließlich war sie die Dienstälteste in der Redaktion.
Ulrike kümmerte es nicht, dass Krause ihr vor die Nase gesetzt worden war. Sie verspürte nicht den geringsten

Drang, sich mit all dem Verwaltungskram herumzuschlagen, den dieser Posten zwangsläufig mit sich brachte. Sie wollte viel lieber in aller Ruhe ihre Artikel schreiben.

„Ach nein, ich sehe grade: Wir brauchen ja noch was für die Lifestyle-Seite, nichts Großes, so um die tausend Wörter." Krause schob seine Lesebrille auf den kahlen Kopf und blickte auffordernd in die Runde. „Wie sieht's aus, Leute? Freiwillige vor."

„Thema?", fragte Hannes knapp. Er saß ihr gegenüber und war das, was man ein altes Schlachtross nannte, Mitte sechzig und grundsätzlich durch nichts zu erschüttern. Kein Wunder, in seinen besten Jahren hatte er als Auslandskorrespondent die halbe Welt bereist und in diversen Krisengebieten die übelsten Dinge zu sehen bekommen. „Nun ja, ich denke, wir sollten in Zukunft vermehrt die ältere Leserschaft ansprechen." Krause lehnte sich in seinem Stuhl zurück und verschränkte die Arme vor dem dicken Bauch. Oh je, das bedeutete in der Regel, dass er jetzt wieder zu einem seiner Vorträge ansetzte. Ulrike seufzte dezent. „Die Leser ab vierzig, das sind diejenigen, die das Geld haben und …"

„… die in der Schule noch Lesen und Schreiben gelernt haben. Die Kinder gucken ja nur noch Videos." Der Einwurf kam von Berthold, kurz vor vierzig, zuständig für das Sportressort und folglich in diesem Fall aus dem Schneider. Für das Thema Lifestyle war er auch aus einem anderen Grund der falsche Ansprechpartner. Sein Lifestyle bestand unter anderem darin, seine Körperbehaarung wachsen zu lassen, wie Gott es wollte, und sein Modeinteresse erschöpfte sich in Jeans oder Jogginghose und Holzfällerhemd oder Hoodie. „Für den Lifestyle ist doch unser Schätzchen da drüben zuständig, oder?"

Die Bemerkung bezog sich auf die fünfundzwanzigjährige

Jeannie, die das Ressort „Jugendkultur und Trends" betreute. Sie hockte mit den nackten Fersen auf der Stuhlkante und dem Handy vor der Nase neben Hannes. Ihre Daumen hämmerten mit der Geschwindigkeit einer durchschnittlichen Nähmaschine auf das Display. Ulrike bewunderte das regelmäßig. Wie kriegten diese Kinder das bloß hin?

„Keine Kapazitäten frei", erklärte sie und schob ihren Kaugummi von der linken in die rechte Backe. „Ich muss gleich los zu einem Recherchetermin.

„Friseur oder Kosmetikstudio?" Berthold grinste vergnügt.

„Geht dich einen Scheiß an", konterte Jeannie, ohne den Blick von ihrem Handy zu heben. „Kümmer' du dich lieber um dein hochwichtiges Match zwischen FC Arthritis und SG Herzschrittmacher 04 oder wer immer da heute Nachmittag auf dem Platz herumbolzt."

„Thema!", rief Hannes und sah demonstrativ auf seine Uhr. „Wenn's genehm wäre. Ich hab noch was zu tun."

„Frauen ab fünfzig", sagte Krause. „Das hatten wir schon lange nicht mehr."

„Oh Gott!" Jeannie verdrehte verächtlich die Augen. „Seit mindestens vier Wochen nicht mehr, ja. Wird allerhöchste Zeit."

„Bin raus." Hannes verschränkte entschieden die Arme vor der Brust.

„Das könnte ich übernehmen." Henrik, der Volontär, frisch vom Gymnasium, streckte schüchtern sein Händchen in die Luft.

„Was, Sie?" Krause bedachte ihn mit einem mitleidig-väterlichen Blick. „Und wo möchten Sie zu diesem Thema recherchieren? Bei Ihrer Mutter?"

„Meine Mutter ist dreiundvierzig", entgegnete Henrik mit beleidigter Miene. „Nein, ich würde natürlich im Internet recherchieren. Das ist doch klar." Krause nickte, als hätte er nichts anderes erwartet.

„Aber so was von klar." Und dann genau den gleichen Bullshit schreiben, den alle anderen auch schreiben. Tut mir leid, junger Mann, aber da Sie sich noch im Lernstadium befinden, werden Sie sich um eine andere Fünfzig kümmern, nämlich das fünfzigjährige Bestehen des Kleingartenvereins Morgenland. Der Festakt beginnt heute Abend um 19:00 Uhr. Seien Sie pünktlich und sehen Sie zu, dass Sie anständige Fotos mitbringen. Für solchen Kleinkram kann ich nicht extra einen Fotografen abstellen."

Henrik krauste angewidert die Nase, aber natürlich sagte er nichts. Vermutlich sah er sich im Geiste schon als jüngsten Gewinner des Pulitzer-Preises. In dem Fall war es höchst unklug, sich die steile Karriere zu vermasseln, indem man dem Chef widersprach.

„Cora? Was ist mit dir?", fragte Krause. Cora, verantwortlich für das Thema Kultur, saß neben ihr und bekritzelte eifrig ihren Schreibblock mit seltsamen Zeichen. Sie gehörte zu den Wenigen, die noch die uralte Kunst der Stenografie beherrschten. Auch das bewunderte Ulrike regelmäßig. Sie hatte diese Zeichenschrift zwar auch noch in der Schule gelernt, aber inzwischen längst alles vergessen.

„Erstens bin ich erst fünfundvierzig", erklärte Cora in der für sie typischen sachlichen Art. „Zweitens muss ich um zwölf bei Eustache Chabert sein. Heute wird seine Vernissage eröffnet und ich bekomme endlich das Interview, auf das ich seit zwei Jahren warte. Da habe ich keinen Kopf für so profanes Zeug."

„Eubert was?" Krause zog die Stirn in dicke Falten und demonstrierte damit eindeutig, dass er keine Ahnung hatte, wovon Cora sprach.

„Eustache Chabert", wiederholte sie seufzend. „Unter Kunstkennern wird er als neuer Picasso gehandelt, aber einem Banausen wie dir brauche ich das gar nicht erst zu erklären. Davon verstehst du sowieso nichts." Krause guckte zwar etwas schief, kommentierte es aber nicht, sondern heftete seinen Blick auf Ulrike und grinste vergnügt.

„Tja, dann bleibt ja nur noch eine übrig, nicht wahr? Müllerchen, du bist doch über fünfzig, stimmt's. Du müsstest dich mit dem Thema doch bestens auskennen." Wie sie das hasste, wenn er sie Müllerchen nannte! Ulrike Müller-Krone, so lautete ihr vollständiger Name. Darauf legte sie Wert. Im Übrigen ging sie mit ihrem leicht fortgeschrittenen Alter nicht so gern hausieren. Sie war nicht so cool wie Cora. Und indem Krause es vor versammelter Mannschaft hinausposaunte, hatte er an diesem Tag gleich doppelt mieses Karma eingesammelt, der kleine Chauvinist.
„Nein, bin ich nicht", antwortete sie und sah ihm dabei fest in die Augen. „Ich bin neunundvierzig und zwanzig Monate." Hannes schmunzelte in sich hinein. Jeannie malträtierte ungerührt weiterhin ihr Handy. Der kleine Henrik guckte etwas glasig. Fast rechnete sie damit, dass er jetzt sein Handy hervorholte, um mithilfe des Taschenrechners festzustellen, wie viele Lebensjahre das bei korrekter Rechnung ergab. Krause lächelte maliziös.
„Na, dann bist du halt kurz davor. Da müsstest du dich doch trotzdem in die Problematik hineindenken können, oder?"
„Aber ich bin doch an dem großen Bauskandal in der Nordstadt dran.
„Meine Güte, Müllerchen, nun zier dich doch nicht so. So ein Artikelchen schreibst du doch mit einem Arm in Gips. Schließlich bist du mein bestes Pferd im Stall." Natürlich.

Mit der Nummer kam er jedes Mal, wenn er ihr etwas schmackhaft machen wollte, zu dem sie keine Lust hatte. Na schön. Sie seufzte gequält, aber sie nickte. Krause lächelte zufrieden.

Die heutige Sitzung war damit beendet und alle kehrten zurück an ihre Schreibtische. Als Ressortleiterin für den Bereich Lokalpolitik genoss Ulrike den Luxus eines eigenen Büros und das kam ihr jetzt besonders gelegen. Krause wollte seinen Artikel? Okay, dann würde er dafür in Kauf nehmen müssen, dass sie ab sofort weder Überraschungsbesucher empfing noch Anrufe entgegennahm. Sie schloss mit Nachdruck die Tür hinter sich und stellte Telefon und Mailprogramm auf Stumm.

Ein paar Minuten starrte sie ratlos auf das weiße Rechteck auf ihrem Monitor. Frauen über fünfzig. Ein weites Feld. Und vor allem ein leeres Feld. Nicht eine einzige brauchbare Idee zeigte sich vor ihrem geistigen Auge. Vielleicht half es, wenn sie sich erst mal mit dem nötigen Treibstoff in Form von schwarzem Kaffee versorgte.

In der Teeküche traf sie Ralph, den Layouter, der dafür sorgte, dass all die wichtigen Informationen, die sie gemeinsam zusammentrugen, hinterher auch hübsch aussahen.

„Was macht dein korrupter Bezirksbürgermeister?", fragte er schmunzelnd, während er den Teebeutel über seinem Becher abtropfen ließ. „Darf er bald gesiebte Luft atmen?"

„Liegt auf Eis." Ulrike goss den letzten Kaffee in ihre Tasse und ärgerte sich, weil sie nun neuen aufsetzen musste. So waren die allgemeinen Regeln in der Redaktion. „Krause hat ihm eine Gnadenfrist gegeben."

„Hä? Versteh ich nicht."

„Ich hab eine Strafarbeit bekommen."

„Ach, für das Loch auf der Lifestyle-Seite, wo weder ein

Foto noch eine Anzeige richtig hinpasst?" Sie nickte miss-mutig.

„Genau. Thema: Frauen ab fünfzig. Fällt dir dazu was ein?" Ralph grinste mitleidig und strich sich über seinen leider etwas mickrigen Dreitagebart.

„Bin ich eine Frau? Bin ich über fünfzig?"

„Keine Ahnung, was du bist", konterte sie spöttisch. „Sag du es mir."

„Tja, du hast leider Pech." Ralph öffnete mit bedächtigen Bewegungen den Mülleimer und warf den Teebeutel hinein. „Gestern Abend, als ich nach der Backorgie meiner Gören die Küche geschrubbt habe, empfand ich mich noch als sechzigjährige Putzfrau. Heute Morgen allerdings habe ich beschlossen, mich als dreißigjähriger, queerer Seelöwe zu definieren." Eines musste man dem Spinner lassen: Er schaffte es immer wieder, einen zum Lachen zu bringen.

„Ach! Deshalb rasierst du dich nicht mehr?" Er wollte antworten, aber das Handy in seiner Hosentasche bimmelte. Daher beendeten sie ihre kleine Konferenz und Ulrike zog sich in ihr Büro zurück, immer noch genauso schlau wie vorher.

Ein paar Schlucke Kaffee später beschloss sie, die weise alte Eule namens Tante Google zu befragen, die alles wusste auf dieser Welt. Mal sehen, was sie zu dem sensiblen Thema beitragen konnte, auch wenn sie noch nicht über fünfzig war.

„Frauen ab 50", tippte sie in die Suchleiste des Browsers. Eigentlich hatte sie nun erwartet, dass die voranschreitende Erschlaffung des Körpers und die zu ergreifenden Gegenmaßnahmen die Hauptthemen sein mussten. Nein, weit gefehlt. Gleich der erste Link führte in eine völlig andere Richtung.

„Frauen ab 50 finden keinen Mann", lautete die verstörende Schlagzeile eines Boulevardmagazins. Ach du Schreck!

Nicht, dass sie selbst in dieser Hinsicht ein Problem gehabt hätte. Ihr Harald und sie waren seit fast fünfundzwanzig Jahren ein Paar und sie hatten beide kein Verlangen, an diesem Zustand etwas zu ändern. Damit standen sie allerdings ziemlich allein in ihrem Freundes- und Bekanntenkreis. Da gab es so einige, die sich mit Ende dreißig oder Mitte vierzig noch mal neu orientiert hatten, und zwei ihrer Freundinnen fristeten nun ihr Dasein als Single. Vielleicht konnte sie denen ja einen Rat geben. Warum fanden Frauen ab fünfzig denn keine Männer mehr?

Weil sie zu hohe Ansprüche stellten, erklärte ihr der Artikel. Sie suchten nach Mr. Perfect und achteten dabei besonders auf den sozioökonomischen Status des Mannes. So so. Hier wurde also zum xten Mal ein uraltes Klischee bedient. Frauen guckten aufs Geld und Männer auf die Figur. Oder meinten die etwas anderes? Waren Frauen über fünfzig etwa so dreist, von ihren im Regelfall ebenfalls über fünfzigjährigen Männern zu erwarten, dass sie ihre Socken selbst in die Wäschetruhe warfen und das Glas mit dem Loch nach unten in den Geschirrspüler stellten?

Dieser Artikel brachte also keine neuen Erkenntnisse. Sie klickte wieder zurück in ihre Suchergebnisse und ging die Liste der häufigsten Fragen zu diesem Thema durch. Die erste lautete:

„Bin ich mit fünfzig zu alt?" Das war doch ein Witz, oder? „Kommt drauf an, wofür, Schätzchen", antworteten ihre Hirnzellen unisono. „Um als Primaballerina am Bolschoi-Theater Karriere zu machen, ist es vielleicht ein paar Tage zu spät und vielleicht auch für olympisches Gold im

Turmspringen, aber im Marathon-Stricken könntest du womöglich große Erfolge erzielen." Nein, sie wollte nicht wissen, welche Plattitüden hinter dieser Überschrift zum Besten gegeben wurden.

Die nächste Frage war kein bisschen intelligenter: „Was passiert wenn man fünfzig wird?" Offensichtlich war der oder die Ratsuchende noch nicht über fünfzig, sonst hätte er/sie gewusst, dass hinter das „passiert" ein Komma gehörte. Andererseits war korrekte Zeichensetzung ohnehin eine aussterbende Kunst.

„Tja, das kommt schon wieder drauf an", sagte das Biest in ihr. „Wenn du ein nettes Engelchen bist, werden deine Verwandten, deine Arbeitskollegen oder dein Gesangsverein eine riesige Party für dich schmeißen. Sie werden dich mit einem goldenen Lorbeerkranz krönen, dich auf ihren Schultern durchs Dorf tragen und so lange feiern, bis alle stockbesoffen unter der Eiche am Feuerwehrteich liegen. Bist du aber ein Teufelchen, werden in dem Moment, in dem sich der Zeiger deiner Küchenuhr von null Uhr auf null Uhr eins bewegt, die Polkappen springen. Erdbeben werden den Globus erschüttern und alle Vulkane auf einmal ausbrechen. Schwarzer Nebel wird durch die Ritzen deiner Fenster zu dir hereinkriechen und dich von jetzt auf gleich in eine zerknitterte alte Schachtel verwandeln."

Frage Nummer drei gab ihren Hirnzellen endgültig den Rest: „Wie alt wird eine fünfzigjährige Frau?"

Großer Gott, immer, wenn man dachte, es ginge nicht blöder, wurde man von Neuem überrascht. Sie war immerhin schon mal fünfzig geworden, oder nicht? Das Bundesamt für Statistik teilte dazu mit, dass eine Fünfzigjährige im Durchschnitt mit einem Lebensalter von 83,4 Jahren rechnen durfte. Gut zu wissen. Galt das auch für

Dreißigjährige? Die Antwort darauf blieb das Amt schuldig. Wie auch immer, es lohnte sich also doch noch, Martin Luthers Ratschlag zu folgen und einen Apfelbaum zu pflanzen. Mit etwas Glück würde sie in diesem Leben noch ein paar Früchte von ihm ernten können.

Der nächste Fragenblock beschäftigte sich intensiv mit dem Thema Ernährung. Frauen über fünfzig sollten keine Bananen, Birnen, Weintrauben und keine getrockneten Datteln, Pflaumen und Aprikosen essen. Die enthielten nämlich jede Menge Fruchtzucker und der begünstigte in den Wechseljahren nicht nur das Bauchfett, sondern auch Diabetes und Bluthochdruck. Haferflocken konnten mit ihren komplexen Ballaststoffen den Darm überfordern. Darüber hinaus waren natürlich auch scharfe Speisen, besonders mit viel Chili und Curry, tunlichst zu vermeiden, teilte irgendein Besserwisser-Institut mit. Aha. Wie hatten dann die Inder und Chinesen zu solch stattlichen Bevölkerungszahlen heranwachsen können? Oder waren Chili und Curry bis zum Alter von 49,9 unschädlich? Es folgte eine lange Liste verbotener Speisen: die Fünf-Minuten-Suppen, der Döner von Mahmut an der Ecke, der Burger von der Tanke, Schweinshaxe, Schwarzwälder Kirschtorte, Gummibärchen, Alkohol, Koffein ... Wenn es nach den Ernährungsexperten ging, sollten alle nur noch am Sojastengel nagen. Bildete sie sich das ein oder zog ihr gerade der Duft eines wohlgeratenen Schweinebratens in die Nase?

Apropos Koffein: Ihr Kaffeebecher war leer. Also begab sie sich in die Teeküche, um Nachschub zu holen. Ein liebenswerter Zeitgenosse hatte eine Schale mit diesen leckeren Trüffelpralinen auf der Anrichte deponiert, anscheinend zur allgemeinen Verköstigung. Wie nett. Ihre

Hand fuhr fast automatisch zu den sündhaften Süßigkeiten und nahm eine … nein, besser zwei, denn auf einem Bein stand es sich ja nicht so gut. Andererseits waren aller guten Dinge doch drei, oder? Außerdem brauchte ihr Hirn seine Energiezufuhr, wenn sie mit diesem blöden Artikel heute noch fertig werden wollte.

Okay, welches Thema konnte sie noch ausschlachten? Vielleicht Mode?

Nein, das war keine gute Idee, denn schon bei der ersten Meldung zu den Suchwörtern „Mode für Frauen ab 50" schwoll ihr der Kamm. Forscher hatten mithilfe einer Studie herausgefunden, dass Frauen ab dreiundfünfzig keine Jeans mehr tragen sollten. Heiliger Strohsack, womit sich diese Leute so beschäftigten und sie bekamen auch noch Geld dafür! Der Grund lag übrigens nicht in der eventuell nicht mehr normgerechten Figur, sondern in der Gefahr, bei der Suche nach der perfekten Jeans zu verzweifeln.

Vor ihrem geistigen Auge sah Ulrike einen Krankenwagen, der mit blinkenden Blaulichtern vor der Glasfassade eines Modehauses stand. Zwei Männer in weißen Kitteln führten eine Frau mit zerzauster Frisur und zerlaufenem Make-up aus dem Laden. „Ich kann sie nicht finden", schluchzte die Frau. „Ich kann sie nicht finden …"

Sie lehnte sich in ihrem Stuhl zurück, trank einen Schluck Kaffee und aß die erste der drei Trüffelpralinen. Sollte sie wirklich noch das Wort „Sport" in die Suchleiste schreiben? Wozu? Sie wusste, was sie dort zu lesen bekommen würde. Frauen ab fünfzig mussten selbstverständlich Sport treiben, um die maroden Knochen beweglich zu halten. Übertreiben sollten sie es allerdings nicht, sonst drohte akute Verletzungsgefahr. Beim Nordic Walking bestand zum Beispiel das Risiko, sich den Fuß zu verstauchen oder sich versehentlich die Spitze des Stöckchens hinein zu rammen. Falls man aber glaubte, mit Yoga auf der sicheren Seite zu sein, war das ein fataler Irrtum. Wenn man die Übungen nicht exakt nach Gebrauchsanweisung ausführte, bekam man am Ende vielleicht den Knoten nicht mehr auf und musste auf den Händen zum Klo hüpfen.

Das Thema Körperpflege und Kosmetik schied ebenso aus, denn das war ein uralter Hut. Eine Frau über fünfzig kündigte am besten ihren Job und warf Ehemann mitsamt Hund oder Katze und eventuell noch zu Hause lebende Kinder aus dem Haus. Falls das aus ethischen Gründen nicht möglich war, brauchte sie in jedem Fall ein Badezimmer für sich allein. Dort reservierte sie am besten einen ganzen Schrank, in dem sie all die Tuben, Töpfchen und sonstigen Werkzeuge sauber geordnet aufbewahren konnte, von A wie Antifaltencreme bis Z wie Zehenspreizer. Wer in diesem Alter seinen Körper akkurat pflegen wollte, hatte gut zu tun.

Ulrike seufzte lustlos und aß die zweite Praline. Verdammt, irgendetwas musste sie doch schreiben!

Halt! Was war das?

„Gönnen Sie sich Ihre wohlverdiente Auszeit!", titelte eine Webseite, die spezielle Reisen für alleinstehende Frauen ab fünfzig anbot. Das Bild daneben zeigte ein verwunschenes kleines Häuschen in der Toskana, mitten auf dem Land, umgeben von hohen Zypressen und urigen Olivenbäumen. Wow! Das klang verführerisch.

„Beam mich sofort dahin, Scotty", sagte sie laut zu ihrem Monitor und schob die dritte Praline in den Mund. Galt das Angebot nur für Singles oder durfte man seinen Lebenspartner mitnehmen? Ulrike überlegte nicht lange, sondern fuhr entschlossen ihren Computer herunter. Dann verstaute sie ihren persönlichen Kram in ihrer

Handtasche und verließ mit beschwingten Schritten ihr Büro.

„Fertig?", fragte Krause, als sie an seiner Tür vorbeikam.

„Hast du's mir geschickt?"

„Muss erst noch ein paar Sachen recherchieren", antwortete sie mit vergnügtem Schmunzeln. „In der Toskana. Dauert nicht lange. In höchstens einer Woche bin ich wieder zurück." Krause guckte, als wäre ein Ufo direkt auf seinem Schreibtisch gelandet.

„Bist du jetzt total durchgeknallt? Was ist mit dem Artikel?"

„Setz Henrik dran", schlug sie gelassen vor. „Viel schlimmer als das, was ich heute auf diversen Webseiten gelesen habe, kann es gar nicht werden. Wir sehen uns, Dickerchen." Sie winkte freundlich zum Abschied und marschierte zielstrebig zum Fahrstuhl.

Draußen führte sie ihr Weg direkt in die Filiale einer weltbekannten Café-Kette.

„Ich möchte den größten Latte Caramell, den Sie haben", sagte sie zu der Lady hinter dem Tresen. „Mit extra Karamell und dazu ein ordentliches Stück New York Cheesecake."

Eine Frau über fünfzig musste schließlich nicht nur ihren Körper in Schuss halten, sondern vor allem ihre Seele.

DIE DISKOQUEEN
Manuela Paul

Yvonnes Augen schweiften zur Standuhr neben dem Fernseher. Es war kurz vor 22 Uhr. Sie gähnte verhalten und schüttelte den Kopf. In ihrer Jugend war sie um diese Zeit erst richtig wach geworden. Mittlerweile, vier Tage nach ihrem 50. Geburtstag, hatte sie Mühe, nach zehn Uhr abends die Augen offenzuhalten.

„Hat Johanna sich gemeldet?" Auf der Couch neben ihr war Markus erwacht. Er sah Yvonne fragend an. Sie schüttelte den Kopf.

„Ich wünschte, unsere Tochter wäre noch mit Kai zusammen", seufzte ihr Mann.

Yvonne hob die Augenbrauen. „Du hast eine Flasche Sekt geöffnet, nachdem sie mit ihm Schluss gemacht hatte!"

„Da wusste ich ja auch noch nicht, dass sie sich eine 18-Jährige als neue beste Freundin aussuchen würde", brummte Markus und griff nach seinem Handy.

Während er das Mobiltelefon entsperrte, stand Yvonne auf und sah aus dem Wohnzimmerfenster. Die Straße lag in nächtlicher Dunkelheit.

Am Horizont hingegen funkelten die Lichter der nahen Millionenstadt. Dort lockten Bars, Restaurants und Diskotheken oder vielmehr, verbesserte sie sich in Gedanken, Klubs. So nannte man Tanzlokale nämlich heutzutage. Das hatte ihre 15-jährige Tochter neulich neunmalklug erklärt und ...

„Die neue beste Freundin von Johanna heißt doch Nadine Wellert, richtig?", rief Markus laut. Panik schwang in seiner Stimme mit. Er sprang auf und hielt ihr das Mobiltelefon unter die Nase. „Hier schau, eine 18-jährige Nadine Wellert hat neulich einen Tanzwettbewerb in einer Diskothek namens Gloria gewonnen."

Yvonne sah eine hübsche junge Frau in einem engen Oberteil und knappem Rock. Sie hielt einen Preis in den Händen und lächelte stolz in die Kamera.

„Du weißt, was das heißt?", fragte Markus.

„Dass Nadine gut tanzen kann?"

„Dass sie regelmäßig in diese Diskothek geht! Woher sonst hätte sie denn von diesem Wettbewerb wissen sollen?", gab Markus zurück und sah so beunruhigt aus, wie sich Yvonne mit einem Schlag fühlte.

Offiziell war Johanna der Eintritt in solche Lokalitäten zwar verwehrt, aber … „Bei hübschen Mädchen nehmen sie es mit der Alterskontrolle nicht immer so genau", murmelte sie. „Das war zumindest so, als ich 15 war. Wir wurden damals nie kontrolliert."

Der Mund ihres Mannes öffnete sich, doch bevor er etwas sagen konnte, stellte sie klar: „Das waren aber auch noch ganz andere Zeiten."

„Da hast du recht", nickte Markus. „Weißt du was? Wir holen sie da raus!" Er lief an ihr vorbei in den Flur.

„Ähm, Markus? Falls Johanna überhaupt dort ist, dann wird sie nicht gerade erfreut über unser Auftauchen sein", gab Yvonne zu bedenken, während sie ihm nacheilte.

„Sie wird sich für die Zukunft aber merken, dass es besser ist, mit offenen Karten zu spielen", sagte Markus. „Ich jedenfalls werde nicht tatenlos auf der Couch sitzen, während sich unsere Kleine in einer düsteren Diskothek unter lüsterne Männer mischt. Wer weiß, ob diese Nadine überhaupt in ihrer Nähe bleibt!"

Der Gedanke an Johanna, die sich ohne eine Vertraute an ihrer Seite in einer ihr völlig unbekannten Welt bewegte, gab den Ausschlag bei Yvonne. Plötzlich hellwach, nickte sie. „Ich komme mit." Dann jedoch fiel ihr etwas ein. „In

Jogginghose und Pulli kommen wir da nicht rein. Wir müssen uns umziehen.

Eine halbe Stunde später fühlte sie sich in ihre Jugend zurückversetzt. Denn mit jedem Zentimeter, den die Schlange in Richtung des Türstehers vorrückte, beschleunigte sich unwillkürlich ihr Herzschlag.

„Wippst du etwa im Takt mit?" Die irritierte Frage ihres Mannes führte Yvonne vor Augen, dass sie das Dröhnen des Basses tatsächlich genoss. Doch sie waren hier nicht zum Spaß! Sie straffte die Schultern, zupfte die Bluse zurecht und lächelte den Türsteher gewinnbringend an, der sie prüfend musterte.

„Wir spielen heute die aktuellen Charts und keine Retromusik", erklärte der muskelbepackte Hüne.

Yvonne kam ins Stolpern, als Markus sich an ihr vorbei drängte. „Hey! Meine Frau ist nicht retro!", sagte er laut. Einige Umstehende lachten.

Hastig legte Yvonne ihre Hand auf Markus' Arm und versicherte schnell: „Ich denke, der gute Mann wollte uns nur darauf hinweisen, dass es auch Abende mit anderer Musik gibt. Aber", sie wandte den Blick wieder auf das bullige Gegenüber, „wir sind aus gutem Grund hier und würden jetzt gerne, ähm ... abtanzen."

„Feiern nennt man das heutzutage", schaltete sich ein junger Mann vor ihnen ein. „Ich jedenfalls finde es echt cool, dass ihr in eurem Alter noch mit uns feiert! Euch hätte ich echt gerne als Eltern! Meine eigenen Erziehungsberechtigten sitzen daheim in Jogginganzügen auf der Couch. Ihr hingegen habt den Draht zur jungen Generation nicht verloren! Respekt!" Er schlug Markus anerkennend auf die Schulter, bevor er im Inneren des Klubs verschwand.

„Also dann viel Spaß bei uns. Einen Fan habt ihr ja schon",

grinste der Türsteher und winkte sie durch.

Vor ihrem Mann betrat Yvonne gleich darauf das angesagte Tanzlokal und stellte fest, dass sich seit ihrer Jugend in Bezug auf Sound und Lichteffekte einiges zum Positiven verändert hatte. Zudem ... sie stieß Markus in die Seite und stellte fest: „Die Luft hier drin ist ja frisch wie im Gebirge! Ein Hoch auf das Rauchverbot!"

„Wer raucht?", brüllte Markus laut, um die dröhnende Musik zu übertönen.

„Zum Glück keiner mehr im Innenraum", rief sie zurück und überlegte, ob regelmäßige Hörtests für 50-Jährige bereits sinnvoll waren. Dann schob sie diesen Gedanken jedoch beiseite und besah sich die tanzende Menge.

Sie waren hier mit Abstand die Ältesten – und zudem auf einer Mission, erinnerte sie sich. Auch Markus hatte augenscheinlich den Sinn ihres Aufenthalts vor Augen, denn er griff nach ihrer Hand und zog sie energisch über die Tanzfläche. Dabei sah er sich suchend um. Yvonne tat es ihrem Mann nach und inspizierte die Klubbesucher. Dies war im flimmernden Licht alles andere als einfach. Sie stießen immer wieder an sich rhythmisch bewegende Körper und handelten sich mehr als einen rüden Kommentar ein.

„Wenn nicht gleich jemand den Rausschmeißer auf den Plan rufen soll, weil zwei tattrige 50-Jährige den ganzen Laden durcheinanderbringen, dann müssen wir unauffälliger vorgehen", brüllte sie ihrem Mann ins Ohr. Sie griff kurz entschlossen nach seinen Händen und begann, sich zur Musik zu bewegen.

Markus war noch nie ein begeisterter Tänzer gewesen. Wenig überraschend verzog er das Gesicht. Doch als sie ihm mit einem strengen Nicken bedeutete, sich ins Zeug zu legen, begann er zögernd mit den Beinen zu wippen und die Arme zu bewegen. Er erinnerte dabei eher an einen überforderten Verkehrspolizisten mitten in der Rushhour als an einen Tänzer. Markus' eigenwilliger Tanzstil trug ihnen zwar den ein oder anderen erheiterten Blick ein, aber zumindest wirkten sie nicht mehr wie ein störender Fremdkörper auf der Tanzfläche. Nach einigen Minuten wurden die raschen Beats von sanften Klängen abgelöst. Der schmalzige Liebessong, der derzeit stündlich im Radio gespielt wurde, dröhnte durch den Saal.

Yvonne schlang ihre Arme um den Hals ihres Mannes, legte den Kopf an seine Schulter, schloss die Augen und murmelte: „Halt mich einfach fest." Überraschend willig folgte er ihrer Aufforderung, hielt sie sanft in seinen Armen und wiegte sich zusammen mit ihr im Takt der Musik. Als das Lied verklungen war, wollte Yvonne sich von ihm lösen, um die elterliche Mission fortzusetzen. Doch da spielte der DJ den nächsten populären Liebessong und Markus überraschte sie, indem er seine Arme enger um sie schlang. Nun gut! Die Suche konnte auch später weitergehen, beschloss Yvonne und schmiegte sich an die Brust ihres Mannes.

Als fetzigere Klänge erklangen, ließ Markus sie zu ihrem Bedauern los und trat einen Schritt zurück. Mit seiner rechten Hand zeigte er zur Empore.

Yvonne verstand. Wenn sie eine Chance hatten, Johanna in der Menge zu erspähen, dann von dort oben. Sie stieg neben ihrem Mann die Stufen hoch, bis ihnen ein Sicherheitsmitarbeiter den Weg versperrte.

„Dies ist der VIP-Bereich. Darf ich Ihre Tickets sehen?"

Markus öffnete den Mund. Doch bevor er etwas sagen konnte, fragte Yvonne: „Ist es möglich, spontan Zugangskarten zu kaufen?"

Der Bullige schüttelte den Kopf. „Ausgebucht!"

Wieder kam Yvonne ihrem Mann zuvor. „Ich sehe aber noch freie Plätze. Wir bleiben nur eine halbe Stunde. Dann sind wir wieder weg."

„Und dafür wollen Sie den vollen Preis bezahlen?", fragte der Security-Mitarbeiter ungläubig.

„Natürlich", versicherte Markus aus voller Überzeugung. Gleich darauf erbleichte er zwar, als ihr Gegenüber den astronomisch hohen Geldbetrag nannte, übergab jedoch ohne Protest seine Kreditkarte.

„Das ist die teuerste halbe Stunde meines Lebens", rief er ihr ins Ohr, als sie sich auf sündhaft bequemen Polsterstühlen niederließen.

„Und es wird noch teurer", erwiderte sie, denn schon näherte sich der Kellner.

Markus bestellte ein Mineralwasser für sich und ungefragt einen exotischen Cocktail für Yvonne.

„Den habe ich in einer Bar bei unserem ersten Date getrunken. Du weißt das noch?", fragte sie gerührt und gab ihm, als er nickte, einen spontanen Kuss. Dann ließ sie den Blick schweifen und überlegte, dass diese Lokalität weder düster noch voll mit lüsternen Männern war. Das Publikum war bunt gemischt und bester Laune. Und die Cocktails, stellte sie wenig später fest, waren genauso perfekt wie die Musik und die Lightshow.

Sie wippte mit dem Fuß im Takt mit, genoss ihren Drink, beobachtete die Feiernden auf der Tanzfläche und bekam dabei Lust, sich selbst wieder unter die Tanzenden zu mischen.

„Keine Spur von Johanna", sagte Markus im selben Moment.

„Sie übernachtet wohl wie besprochen bei Nadine", meinte Yvonne.

Markus sah auf die vielen tanzenden Menschen, dann zu

ihr und fragte. „Bist du müde?"

Yvonne schüttelte entschieden den Kopf. Sie fühlte sich so wach wie schon lange nicht mehr. Vielleicht, so überlegte sie, lag die abendliche Müdigkeit weniger an der großen 5 ihres Jahrzehnts, sondern vielmehr an den Abenden auf der Couch.

Markus schien zum selben Schluss gekommen zu sein. Denn er schlug vor: „Wir könnten das Auto stehenlassen, an der Bar etwas trinken und ein Taxi nach Hause nehmen. Was meinst du?"

Er hob die Augenbrauen und sah mit einem Mal Jahre jünger aus. Und verdammt attraktiv!

„Ich meine, das ist eine richtig gute Idee", sagte Yvonne und stellte das Cocktailglas ab, um ihn zu küssen.

In bester Stimmung kamen sie gegen vier Uhr morgens nach Hause. Markus schloss die Wohnungstüre auf und zog sie in seine Arme. „Das war die teuerste und längste, aber auch die schönste Nacht der letzten Jahre, und sie ist noch lange nicht vorbei", murmelte er und küsste sie verheißungsvoll auf den Nacken.

Yvonne schlang ihre Arme um seinen Hals. Da ertönte ein Schreckensschrei. „Aufhören! Das will ich echt nicht sehen!"

Sie fuhren herum.

Ihre Tochter stand im Schlafanzug in der Wohnzimmertür und blickte ihre Eltern entsetzt an.

„Schatz, du bist ja gar nicht bei Nadine", sagte Yvonne hastig und fuhr sich durch die zerzausten Haare.

„Sie wollte noch zur Neueröffnung eines Klubs in der Nachbarstadt. Deshalb hat mich ihre Mutter nach Hause gefahren", erklärte Johanna.

Markus nickte zufrieden. „Denn du bist vernünftig genug, um dich nicht unerlaubt in eine Diskoth…, in einen Klub zu schmuggeln."

„Das natürlich auch", versicherte Johanna einen Tick zu schnell. Dann jedoch überzog ein Strahlen ihr Gesicht. „Zudem habe ich mich mit Kai versöhnt. Wir feiern das mit einem Tagesausflug. Er holt mich um 9 Uhr hier ab. Da wollte ich ausgeschlafen sein. Und das wäre ich auch, wenn ich mir nicht wegen euch Sorgen gemacht hätte." Johanna stützte die Arme in die Seiten. „Wo wart ihr? Warum habt ihr nicht Bescheid gegeben? Und wieso habt ihr meine Textnachrichten nicht gelesen?"

„Wir waren feiern", erklärte Yvonne.

„Im Gloria-Klub", ergänzte Markus. „Dort war der Handyempfang allerdings so schlecht, dass wir keine Nachrichten abrufen konnten."

„Mann, Papa! Die haben doch WLAN", rief Johanna. Bei diesen Worten hoben sich die Augenbrauen von Markus und ihre Tochter fügte hastig hinzu: „Also, das haben Freunde erzählt. Wenn ihr das nächste Mal hingeht, sagt mir bitte vorher Bescheid und loggt euch dort ins WLAN ein. Dann muss ich mir keine Sorgen machen. Okay?"

„Alles klar", nickte Markus und griff nach Yvonnes Hand. „Keine Heimlichkeiten mehr in dieser Familie. Beim nächsten Klubbesuch halten wir uns an deine Regeln!"

(K)EIN HAHN FÜR HILDE
Manuela Paul

„Ich habe neulich gelesen, dass Leute im Alter wunderlich werden", klang es leise hinter Hildes Rücken.

„Hey! Das habe ich gehört!" Sie drehte sich um und musterte ihre Zwillinge strafend.

In ungewohnter Eintracht standen die Siebzehnjährigen nebeneinander. Ihre Blicke waren auf das Hühnergehege gerichtet, in dem drei Hennen herum marschierten.

„Ihr habt mir einen Gutschein für die Erfüllung eines Herzenswunsches zum 50. Geburtstag geschenkt", stellte Hilde klar und sah fasziniert zu, wie Schneeweißchen den ersten Wurm aus der Erde zog.

„Igitt! Teile des Wurms landen bestimmt in meinem Frühstücksei", rief Lea.

„Gut, dass ich das Problem als Veganer nicht mehr habe", stellte Theo fest. „Abgesehen davon war unser Gutschein tatsächlich anders gemeint. Wir dachten eher daran, dass du dir so etwas wie ein Wellness-Wochenende gönnst."

Hilde hob die Augenbrauen und erinnerte sich daran, wie das Haus nach ihrer letzten Kurzreise ausgesehen hatte: „Damit ihr sturmfrei habt, um eine Party zu schmeißen?"

„Also echt Mama!", schaltete sich Lea ein. „Das ist eine fiese Unterstellung! Der Gutschein war wirklich anderweitig gedacht. Du könntest einen Strickkurs besuchen oder einen Bingo-Abend."

„Wie wäre es mit einem Gedächtnistraining?", schlug Hilde vor.

Lea nickte, doch Theo stieß seine Schwester an. „Mama meint das nicht ernst!"

„Genau!" Hilde verschränkte die Arme vor der Brust. „Bevor ihr meinen Platz im Seniorenheim reserviert, weise ich euch darauf hin, dass ich mit 50 voll im Leben stehe.

Und dies deshalb für einen ausgezeichneten Zeitpunkt halte, um mir meinen Traum von der eigenen Hühnerschar zu erfüllen. Schneeweißchen, Rosenrot und Frau Holle sind eingezogen, um zu bleiben."

Rosenrot unterstrich Hildes Worte, indem sie einen ordentlichen Haufen aufs Gras setzte.

„Eklig", rief Lea und lief davon.

„Bingo wäre sinnvoller gewesen", brummte Theo, bevor er seiner Schwester folgte.

„Sie werden euch noch lieben lernen", erklärte Hilde den Hennen, warf Maiskörner ins Gehege und beobachtete, wie Rosenrot die anderen auf die Leckerbissen aufmerksam machte.

Während der nächsten Wochen zeichnete sich ab, dass das Huhn mit den roten Federn die kleine Schar anführte. Wo auch immer es hinging, Schneeweißchen und Frau Holle folgten ihm auf dem Fuß.

Morgens freute Hilde sich daran, wie die Hennen munter aus dem Häuschen liefen und abends war sie immer wieder aufs Neue von deren Gelehrigkeit fasziniert. Denn diese hatten in kurzer Zeit verstanden, dass der Freilauf beendet war, wenn Hilde nach der Arbeit in den kleinen Hühnergarten kam. Schnell liefen sie dann ins Häuschen. Auch wenn die Hennen anscheinend noch zu jung waren, um Eier zu legen, genoss Hilde ihr Hühnerglück in vollen Zügen!

An einem sonnigen Montagabend schloss sie gerade zufrieden die Klappe hinter ihren gefiederten Freunden, als eine erzürnte Stimme rief: „So geht das aber nicht!"

Hilde drehte sich um und sah sich einem braunen Lockenkopf gegenüber, der über die Mauer vom Nachbargrundstück spähte.

„Mein Name ist Thomas Steinmann. Ich habe das Haus

nebenan gekauft und werde nächste Woche einziehen", erklärte der Fremde. „Weil mir das Stadtleben zu laut war, habe ich mich für einen Umzug aufs Land entschieden. Als ich das Grundstück besichtigte, herrschte hier eine friedliche Idylle. Nun jedoch", sein Zeigefinger schoss anklagend über die Mauer, „gackert es."

Oh nein! Hildes Magen krampfte sich zusammen. Ein Hühnerfeind!

„Meine Hennenschar gluckst tagsüber höchstens zufrieden vor sich hin. Nach Einbruch der Dunkelheit herrscht völlige Stille", sagte sie so ruhig wie möglich.

„Ich werde in einigen Jahren in Rente gehen und beabsichtige, viel Zeit im ruhigen Garten zu verbringen. Und zwar vor Einbruch der Dunkelheit!", gab Thomas zurück, dann wandte er sich ab und schritt davon.

Und als wäre dies noch nicht genug, musste Hilde sich am selben Abend noch eine unheilvolle Erkenntnis eingestehen. Dass sich Rosenrots Gefieder von dem der anderen Hennen unterschied, war ihr schon kurz nach dem Kauf aufgefallen. Zunächst hatte sie dies als normal abgetan. Menschen hatten schließlich auch gelockte oder glatte, lange oder kurze Haare. Nach dem unerfreulichen Gespräch mit dem Nachbarn ließ sich jedoch ein bedrückender Gedanke nicht mehr weiter verdrängen. Hilde setzte sich ans Notebook, gab einige Schlagworte in die Suchmaschine ein, besah sich Fotos und griff entschlossen zum Telefon.

„Sie haben mir einen Hahn untergejubelt", erklärte sie dem Händler am anderen Ende der Leitung. „Das wird richtig Ärger mit der Nachbarschaft geben, sobald er zu krähen beginnt."

„So ein Irrtum kann schon mal vorkommen", erwiderte der Verkäufer gelassen. „In diesem Fall tauschen wir das Tier natürlich um. Am Samstag in zwei Wochen bekomme ich neue Hühner. Wenn Sie nachmittags vorbeikommen, regeln wir alles und Sie können mit einer Henne nach Hause fahren."

Die Worte des Händlers im Kopf stand sie am Abend bedrückt vor dem Hühnergehege. Zwischen Schneeweißchen und Frau Holle pickte Rosenrot zufrieden im Gras. Nichtsahnend davon, dass ihm sein Geschlecht in Kürze zum Verhängnis werden würde.

„Bald ziehst du um", erklärte sie dem Tier und spürte, wie sie bereits beim Gedanken daran sentimental wurde. Auch während der nächsten Tage lag ihr die Entscheidung schwer auf dem Herzen, zumal sie den Kummer mit niemandem teilen konnte. Denn um sich nicht wieder eine Standpauke ihrer Kinder anhören zu müssen, hatte sie beschlossen, diesen nichts vom Umtausch zu erzählen. Da die Zwillinge sich dem Hühnergehege nie näherten, würde die Aktion von ihnen höchstwahrscheinlich unbemerkt bleiben.

„Ich fahre heute Nachmittag in die Kreisstadt", erklärte sie Lea und Theo am Tag von Rosenrots Umzug und versuchte, sich ihre Niedergeschlagenheit nicht anmerken zu lassen.

„Okay", nickte Lea, blickte auf ihr Brötchen und prustete plötzlich los. Auch Theo brach in lautes Lachen aus.

Hilde hob die Augenbrauen. „Was ist denn in euch gefahren?" Schon dass beide am Wochenende vor dem Mittagessen auf den Beinen waren, hatte sie misstrauisch gemacht.

„Alles gut, Mama. Freu dich doch einfach, dass deine Kinder so fröhlich sind", grinste Lea.

„Im Gegensatz zu deinen Hühnern. Wenn die fröhlich wären, würden sie endlich Eier legen", meinte Theo. Und schon lachten beide wieder so laut los, dass das Läuten an der Haustür kaum zu vernehmen war.

Froh darüber einen Grund zu haben, den Frühstückstisch zu verlassen, stand Hilde auf. Als sie jedoch den Besucher erkannte, wäre sie gerne zu ihren albernen Teenagern zurückgekehrt. Denn vor der Tür stand ihr neuer Nachbar.

„Es gackert immer noch", sagte er.

„Natürlich tut es das oder dachten Sie, ich binde den Hennen die Schnäbel zu?", erwiderte Hilde gereizt. Dann jedoch rief sie sich innerlich zur Ruhe.

Sie hatte als Alleinerziehende genug mit ihren zwei Kindern und dem Vollzeitjob zu tun. Das Letzte, was sie brauchte, war ein nervtötender Nachbarschaftsstreit.

„Kommen Sie mal mit", sagte sie und bedeutete dem Besucher, ihr in den Garten zu folgen. Dort zeigte sie auf eine weit abgelegene Ecke ihres großen Grundstücks und erklärte ihm den Plan, den sie sich die letzten Tage zurechtgelegt hatte: „Damit Sie das Gackern nicht so laut hören, werde ich das Gehege während meines Sommerurlaubs dorthin verlegen."

Ihr Besucher warf einen zweifelnden Blick auf das Hühnerhaus aus Holz „Das hier auch?"

„Natürlich", nickte Hilde und öffnete die Tür, um ihm zu verdeutlichen, dass der Abbau möglich war. „Sehen Sie hier, ... oh mein Gott!" Sie stockte und stieß überrascht hervor: „Sie haben endlich gelegt!"

Andächtig nahm sie eines der Eier in die Hand. Dann griff sie mit beiden Händen in das zweite Nest und übergab den weiteren Teil des überraschenden Fundes ihrem Nachbarn mit den Worten: „Sie werden ab dem Sommer nur noch wenig von meinen Hennen hören, dafür jedoch regelmäßig frische Eier gratis bekommen. Was meinen Sie, ist das ein Angebot?"

„Das ist wirklich freundlich von Ihnen", sagte Thomas Steinmann, und – Hilde konnte es kaum glauben, – seine Mundwinkel hoben sich zu einem kleinen Lächeln. Plötzlich sah er richtig sympathisch aus.

„Vielleicht war ich etwas voreilig mit meinen Schlüssen", meinte er. „Seit meiner Scheidung komme ich nicht mehr viel unter Menschen. Bitte entschuldigen Sie meine harschen Worte." Er stockte kurz und fuhr sodann fort: „Wenn ich es schaffe, aus den Eiern einen Kuchen zu backen, würden Sie heute Nachmittag zum Kaffee kommen?"

Seine blauen Augen blickten sie fragend an. Mit einem Mal beschleunigte sich ihr Herzschlag und eine längst vergessen geglaubte Wärme breitete sich in ihr aus.

„Ich habe noch einen Termin, komme danach aber sehr gerne vorbei", antwortete sie.

„Prima", freute sich ihr Nachbar. „Ich lege nur kurz die Eier hier ab und dann ..." Er stockte, runzelte die Stirn und sein Lächeln verschwand. „Ich dachte, es wäre Ihnen ernst mit dem freundlichen Angebot", sagte er abrupt in einem enttäuschten Tonfall.

„Was meinen Sie?", hakte Hilde ratlos nach.

„Nun tun Sie doch nicht so unschuldig", polterte ihr Nachbar. „Ich finde das nicht lustig!"

Er warf ihr einen finsteren Blick zu.

Hilde verstand die Welt nicht mehr. „Die Eier sind vielleicht etwas klein geraten. Meine Hühner haben zum ersten Mal gelegt", erklärte sie hilflos.

„Ich nehme an, Ihre Hühner haben auch zum ersten Mal gestempelt?", kam es barsch zurück.

„Bitte was?" Sie warf einen Blick auf das Ei in ihrer Hand. Es war mit Ziffern versehen; wie die Eier aus dem Supermarkt.

„Für dumm verkaufen kann ich mich selbst", herrschte ihr Nachbar sie an.

Und genau diesen Moment nützte Rosenrot für seinen großen Auftritt. Zum ersten Mal in seinem Leben krähte er. Es klang unsicher, ungeübt und noch nicht sehr laut. Dennoch verdeutlichte es eine unbestreitbare Tatsache ...

„Das ist ja gar kein Huhn, sondern ein Hahn", rief Thomas wütend.

„Mama kann nichts für die Eier", tönte es in diesem Augenblick hinter ihrer beider Rücken.

Zeitgleich mit ihrem Nachbarn drehte Hilde sich um und sah sich ihren Teenagern gegenüber.

„Wir haben alles gehört", erklärte Lea und fuhr kleinlaut fort: „Wir dachten, wir machen uns einen kleinen Spaß und legen Eier aus dem Supermarkt in die Nester."

„Du kamst auf die Idee und hast sie da reingetan", korrigierte ihr Zwillingsbruder. „Ich fasse keine Hühnereier an."

„Du fandest die Idee aber ziemlich witzig", stellte seine Schwester klar.

„Stimmt", Theo ließ ertappt die Schultern sinken.

In diesem Moment versuchte sich Rosenrot erneut am Krähen.

„Äh, Mama? Ich habe zwar nicht den Bio-Leistungskurs gewählt, aber Rosenrot ist definitiv keine Henne", meinte Lea.

„Ich weiß", seufzte Hilde. „Deshalb wird er heute Nachmittag umgetauscht."

„Umgetauscht?", rief Theo. „Du weißt schon, was das heißt? Falls Rosenrot Pech hat, dann tauscht er sein Leben im Hühnergarten gegen den vorgeheizten Backofen!"

„Mama, wie kannst du nur!" Lea sah so entsetzt aus, wie Hilde sich bei dem Gedanken fühlte.

„Daran habe ich noch gar nicht gedacht", gestand sie völlig erschlagen. „Ich war zu sehr damit beschäftigt, eine Lösung für meine von euch allen so ungeliebte Hühnerschar zu finden."

„Als ich die Eier heute Morgen platziert habe, war die gefiederte Truppe eigentlich ganz niedlich", meinte Lea.

„Wir haben gehört, dass du das Gehege verlegen willst", schaltete sich Theo ein. „Ich helfe dir. Aber nur, wenn Rosenrot bleiben darf!"

„Das hängt nicht von mir ab", sagte Hilde und wandte sich fragend ihrem Nachbarn zu, der dem Gespräch schweigend gelauscht hatte.

„Da Sie alle so an den Tieren hängen, werde ich versuchen, mich auch mit diesen anzufreunden. Rosenrot kann schließlich nichts für sein männliches Geschlecht und soll deshalb nicht dafür bestraft werden", erklärte sich Thomas solidarisch mit dem Hahn. „Da er aber bereits kräht, sollten wir nicht bis zum Sommer mit dem Umbau warten. Was halten Sie davon, wenn wir das Projekt nächstes Wochenende zusammen angehen?"

„Sie würden helfen?", fragte Hilde erstaunt.

Ihr Nachbar nickte und begann damit, die Eier in den Taschen seiner Sommerjacke zu verstauen. „Die Details können wir beim Kaffeetrinken heute Nachmittag besprechen. Auch aus gekauften Eiern lässt sich schließlich etwas Leckeres backen. Na, was meinen Sie? Kaffee und Kuchen nachher bei mir?"

„Ich meine, das ist eine hervorragende Idee", antwortete Hilde und hörte im Hintergrund, wie Lea ihrem Bruder zuflüsterte: „Also, ich habe zwar keinen Bio-Leistungskurs, aber ich glaube, zwischen den beiden bahnt sich etwas an."

Ein Schmunzeln verriet Hilde, dass auch ihr Nachbar die Worte gehört hatte. Er widersprach ihrer Tochter jedoch nicht, sondern winkte nur kurz zum Abschied und ging lächelnd davon.

50 – DIE VORBEREITUNG AUFS GERIAT-RISCHE WUNDERLAND?

Sabine Maist

Exakt heute war der Tag. Der Tag, an dem die ganze Familie einen Aufstand veranstaltete. Alle waren schon ganz aufgeregt, die Kinder und Ruben hatten auf eine große Feier bestanden und sie kurzerhand geplant. Die ganze buckelige Verwandtschaft hatte sich angemeldet, ebenso die Arbeitskollegen und Nachbarn. Als wenn es nicht reichen würde, die Bagage 40 Stunden die Woche ertragen zu müssen oder Tür an Tür mit ihnen zu wohnen. Jetzt zermarterten sie einem auch noch in der wenigen Freizeit die übrig gebliebenen Nerven. Birgit stand vor dem Alibert- Schrank und war gezwungen, sich viel zu früh an diesem Tag fertigzumachen. Der Blick in den Spiegel machte um diese Uhrzeit nicht wirklich fröhlich. Sicher könnte man den Anblick auch positiv bewerten. Immerhin glich ihr Körper immer mehr einem Picasso. Nur leider nicht im Sinne eines klassischen Meisterwerks, sondern eher in die Richtung, dass nichts mehr dort war, wo es hingehörte oder zumindest mal seinen Platz gehabt hatte. Egal, sie musste sich fertigmachen fürs Familienfrühstück mit allen Kindern und Enkeln. Juhu!

Irgendwie gelang es ihr einfach nicht gute Laune aufkommen zu lassen. Nicht einmal der Gedanke an alle ihre Lieben konnte ihr jetzt in diesem Moment ein Lächeln ins Gesicht zaubern. Heute war ihr fünfzigster Geburtstag. Ein halbes Jahrhundert oder zweimal 25 Jahre. Es war nicht der Umstand, dass sie 50 wurde, der ihr die Laune verhagelte. Vielmehr war es der ganze Trubel und die Tatsache, dass sie um neun Uhr morgens wach sein und bereits das infernalische Gekreische ihrer kleinen Enkel ertragen musste. Aus der Küche im Untergeschoss erklangen aufgeregte Unterhaltungen der Kinder. Irgendwer hatte Kinderlieder für die Enkel angemacht, doch anscheinend waren diese nicht guter Laune. Da hatten sie wenigstens schon mal was gemeinsam. Fynn schrie, er habe Hunger, Maja wollte den Nachwuchs beruhigen und betonte immer wieder, dass sie mit dem Frühstück doch auf Oma warten wollten. Eine Tatsache, die sie nur unwesentlich unter Druck setzte.

Familienfrühstück juhu!

Ein halbes Jahrhundert und sie konnte nicht einmal im Nachthemd frühstücken, wie sie es gewohnt war. Am liebsten würde sie heute gar nicht frühstücken und falls doch, dann deutlich später und vor allem nicht in der Küche. Frühstück im Bett ab 13 Uhr, das wär's gewesen. Hätte, würde, könnte! Nix war! Sie hatte sich im Wesentlichen wiederhergestellt und war angezogen. Mehr konnte die Familie heute wirklich nicht erwarten. Sie blickte gedankenverloren auf den Boden und versuchte wie gewohnt ihre Ohrringe zu schließen. Unerwartet schlossen sich von hinten zwei starke Arme um sie und ein warmer Kuss wanderte an ihrem Nacken entlang.
"Na meine Schöne." Ruben war an sie herangetreten und blickte sie im Spiegel lächelnd an.
"Ich wollte mal sehen, wie weit du bist, Fynn steht kurz vor seinem zweiten Tobsuchtsanfall und Maja tut es ihm gleich nach." Er lächelte und sah genau, dass Birgit nicht gut drauf war.
"Komm schon Süße, bringen wir den ersten Teil hinter uns."
Sie drehte sich zu ihm um und kuschelte sich kurz an seine

Brust. "Muss ich?"

"Es nützt ja nix. Alle sind da und warten auf dich. Du weißt doch, die Kinder meinen es nur gut. Du schaffst das. Wir schaffen das. Heute Abend können wir dann immer noch in Ruhe deinen Ehrentag genießen." Sie verdrehte aufgebracht die Augen und verließ das Badezimmer.

"Happy Birthday to you!" trällerte es ihr entgegen, als sie gespielt fröhlich die Küche betrat. Der Tisch war reich gedeckt und es duftete herrlich nach Kaffee. Ihre Kinder Maja, Ben und Thorsten drückten sie als Erstes, gefolgt von den Schwiegerkindern. Dann waren die Enkel an der Reihe, zumindest die, die schon alleine stehen und laufen konnten. Fynn überreichte ihr einen Blumenstrauß, der fast genauso groß war wie er selbst. Emma hatte ein Prinzessinnen-Einhorn-Bild für sie gemalt und Theodor-Uwe, sie wusste auch nicht, was ihre Tochter sich bei dieser Namensgebung geritten hatte, watschelte immerhin total süß mit ausgestreckten Armen auf sie zu. Als sie den kleinen Mann hochhob, schmerzte es kurz im Rücken, doch sie wollte sich nichts anmerken lassen. Nach den ganzen Glückwünschen und Küssen stellte Fynn endlich die Frage der Fragen: "Können wir jetzt endlich frühstücken?".

Alle mussten lachen und begaben sich an den Tisch, wo familientypisch laut und lebendig gegessen wurde. Birgit bekam trotz der Bemühungen ihrer Kinder, die ihr diverse Teilchen und Brötchen anboten, nur einen Kaffee runter.

Das Frühstück war abgesehen von der Tatsache, dass sie wach sein musste, schön. Früher hatte sie es sich immer genauso vorgestellt. Als ihre Kinder noch klein waren, hatte sie sich immer erträumt, eines Tages mit allen Kindern und Enkeln gemeinsam zu essen. Alle wären gut gelaunt, Ben würde seine Witze machen und die Enkel wären einfach nur entzückend. Vor allem sie selbst wäre einfach nur glücklich. Ihre eigene Fantasie nun real zu erleben, passte nicht ganz zu dem Bild, das sie sich stets erträumt hatte. Natürlich war es schön, alle hier versammelt zu haben. Sie liebte ihre Kinder und auch jedes ihrer fünf Enkelkinder. Trotzdem wäre ihr ein ruhiger und deutlich späterer Beginn lieber gewesen.

"Sag mal Mama, wie fühlst du dich eigentlich heute?" Bens Stimme riss sie aus ihren Gedanken.

"Was? Wie soll ich mich denn fühlen? Müde bin ich. Ich bin ja gestern erst aus dem Nachtdienst gekommen".

"Das meine ich nicht. Ich meine heute an deinem 50. Geburtstag?" Die Zahl hatte er deutlich betont, als wenn sie ein ganz besonderer Meilenstein wäre.

"Wie immer, ich fühl' mich noch genauso, wie ich mich gestern gefühlt habe."

Alle blickten sie erwartungsvoll an. Was sollte denn über Nacht passiert sein? Als würde man anlässlich seines 50. Geburtstags nachts von einer Fee besucht und in die Weisheiten des Alters eingeführt werden. Als überreiche sie eine Gebrauchsanweisung für die Frau ab 50 und zaubere das erste graue Haar auf den Kopf sowie die Brüste und den Hintern eine Etage tiefer. Innerlich genervt lenkte sie mit einem Witz gekonnt vom Thema ab und so nahm das Frühstück seinen Lauf. Trotzdem verblieb in ihr dieses komische Gefühl. Irgendwas stimmte nicht.

Nachdem alle gefrühstückt hatten, fingen die Kinder an, das halbe Haus, die Terrasse und den Garten zu dekorieren. Sie fragte sich wirklich, wer die unzähligen Ballons, Girlanden und den sonstigen Firlefanz wieder wegräumen würde. Höchstwahrscheinlich wäre sie die nächsten Tage damit beschäftigt, den ganzen Quatsch aufzuräumen und wegzuspülen. Als am frühen Nachmittag die ersten Nachbarn und Kollegen eintrafen, ging der Zirkus erneut los. Schon nach der fünften Person war sie von den Witzen über 50-Jährige hinreichend bedient.

Ein typisch deutscher Geburtstag

Im Laufe des Nachmittags trafen immer mehr Gäste und Geschenke ein. Lustig gemeinte Präsente wie Stützstrümpfe, eine Lupe, Rheumasalbe, massenweise Kreuzworträtsel-Blöcke und eine Wärmedecke brachten immerhin die Gäste zum Lachen. Sollte es das wirklich gewesen sein? Hatte sie jetzt das Alter erreicht, indem man sich zurücklehnte und vor dem Fernseher auf den Tod wartete? Wohl kaum. Immerhin standen ihr noch weitere 17 Jahre Arbeit bevor. Aber anscheinend waren alle Anwesenden anderer Meinung oder fanden es zumindest witzig, so zu tun.

Wie an Geburtstagen typisch für sie, füllte sie die Gläser ihrer Gäste auf, reichte Häppchen und Knabbersachen und führte mehr Small Talk, als ihr lieb war. Wenn sie ehrlich war, wollte sie heute nichts über die Arbeit hören und schon gar nicht darüber reden. Das Gleiche galt für den neuesten Tratsch aus der Nachbarschaft und die diversen Leiden ihrer älteren Verwandten. Sie fühlte sich wie an jedem Geburtstag wie Kellnerin, Putzfrau und Ersthelferin für die diversen Kinder-Wehwehchen - alles in einer Person. Kurz gesagt, alle hatten ihren Spaß, nur sie nicht. Sie war Mutter, Oma, Nichte, Cousine, Kollegin, Nachbarin und die gute Seele der Party. Bis heute hatte kein einziger Geburtstag ihr selbst gehört. Klassisch deutsch gehörte der

Ehrentag allen anderen, die sich an diesem Tag verköstigen und belustigen ließen. Wann würde dieser Quatsch endlich ein Ende haben?

Nachdem Auszug ihrer Kinder, war sie traurig gewesen. Doch mit der Zeit hatte sie sich immer befreiter gefühlt. Sie musste nicht ständig für jemanden kochen. Ruben konnte sich prima alleine versorgen und war selbst zum begnadeten Koch mutiert. Immer wieder verwöhnte er sie mit leckerem Essen und dem ein oder anderen romantischen Dinner bei Kerzenlicht, gefolgt von Unternehmungen, die nur sie beide etwas angingen. Es war total okay, eine Fertigpizza vor dem Fernseher zu essen und das ganze Geschirr auch mal zwei Tage stehenzulassen. Freiheit pur eben. Sie musste morgens niemanden wecken oder zur Schule fahren. Keine Fahrten in den Fußball- oder Turnverein und auch kein Abholen aus der Disko mitten in der Nacht. Sie konnte bis mittags schlafen und Horrorfilme ab 18 schauen, ohne befürchten zu müssen, dass eines der Kinder hereinplatzt. Dasselbe galt für ihr Liebesleben. Das Haus gehörte zum ersten Mal nur Ruben und ihr. Keine schmerzenden Füße durch herumfliegende Spielzeugautos, keine bemalten Wände und keine dröhnende Musik aus dem Teenie-Zimmer. Die Zeiten als Familie waren nicht immer einfach, aber schön gewesen. Es war jedoch auch schön, endlich einmal sich selbst zu gehören. Sie konnte einfach Birgit und nicht nur Mama sein.

Wieder war es Ben, der sie aus ihren Gedanken holte.
"Mama, kannst du mal bitte?" Mit diesen Worten drückte er ihr sein niedliches, aber verdächtig riechendes Baby Noah in die Arme. Der Kleine brüllte und war schon ganz rot im Gesicht.

"Na komm kleiner Mann, wir verdrücken uns mal kurz." Sie ging mit Noah ins Bad, um ihm die Windeln zu wechseln. Ein Vergnügen, auf das sie inzwischen ebenfalls gerne verzichten würde. Frisch gemacht und mit neuer Windel war der Kleine gleich wieder fröhlich. Babys waren schon niedlich. Es war aber auch ein Vorteil, sie mit den Worten "Hier! Deiner!" zurückgeben zu können. Zurück auf der Party übergab sie ihren Enkel seiner Mama, die sie in diesem Moment an sich selbst erinnerte. Linda sah sehr müde aus und blickte sie mit dankbaren Augen an. Ja, diese Zeiten gehörten für sie endlich der Vergangenheit an.

Mit einem Klingeln kündigte sich die Anlieferung des warmen Buffets an. Zum Glück hatte niemand von ihr verlangt, selbst zu kochen. Die immense Summe, die sie für den Partyservice ausgab, war gruselig genug. War es wirklich bereits 17 Uhr? In der Tat! Es war ihr Ehrentag, um den alle so einen Wirbel machten und er zog deutlich schneller an ihr vorbei als jeder normale Arbeitstag. Wäre das ab jetzt immer so? Würden die Jahre einfach nur noch an ihr vorbeiziehen, bis sie letztendlich zu Staub zerfiel? Weihnachten, Ostern, Geburtstage in einer ewigen Zeitschleife? Wow! Wo war das denn jetzt hergekommen? Normalerweise war sie wirklich nicht der Typ, der negativen Gedanken nachhing. Doch der heutige Tag setzte ihr mehr zu, als sie gedacht hatte. Hatte sie insgeheim vielleicht doch mit ihrem Alter zu kämpfen? Nach einem Glas Wein und reichlicher Überlegung stellte sie fest, dass es gar nicht an der Zahl des Geburtstags lag. Es war das Verhalten der Menschen um sie herum, das sie störte.

Sie hatte noch mindestens ein Drittel ihres Lebens vor sich. Und es war das Drittel, indem man frei leben konnte. Sie wusste, wer sie war und was sie wollte. Sie war Altenpflegerin mit Herz, Ehefrau und Geliebte, sie liebte Gruselfilme, laute Musik und Urlaub in den Bergen. Sie hatte sich erst vor Kurzem in der Fahrschule angemeldet, um endlich ihren Motorradführerschein zu machen und freute sich jetzt schon auf die nächsten Fahrstunden. Sie wollte reisen, so lange es noch ging, wollte feiern und an manchen Tagen einfach gar nix unternehmen. Im Nachthemd ungeduscht und ungeniert den Tag genießen. Selbstverständlich wollte sie auch Zeit mit den Kindern und Enkeln verbringen. Doch sie war lieber die coole Oma auf dem Motorrad als das strickende Hausmütterchen.

Tante Gerda haut raus!

Sie saß inzwischen mit ihrer Tante Gerda auf der Terrasse und genoss die letzten Sonnenstrahlen, während alle anderen über das Buffet herfielen.

"Hast du keinen Hunger Liebchen?" fragte ihr süßes Tantchen. Sie saß neben ihr auf dem Loungesofa und blickte sie mit einem verschmitzt fragenden Blick an.

"Ach nee, irgendwie nicht. Ich gehe später, wenn das ganze Gedränge vorbei ist." Für einen Moment herrschte Stille zwischen den beiden Frauen.

"Dir geht das alles auf den Keks, oder?" Hatte sie sich gerade verhört?

"Wie bitte?"

Erna füllte sich ihren Likör mehr als großzügig nach. "Na, der ganze Quatsch hier. Große Feier, Mädchen für alles Spielen und der Blödsinn mit 50 ist alt und so", sagte die Frau, die sie immer ein wenig an Paola erinnert hatte. Sie blickte Gerda verdutzt an.

"Wenn ich dir mal was raten darf, lass die Sau raus. Sag Nein, mach dein Ding und leb dein Leben, solange deine Gelenke dich noch lassen. Wenn ich noch mal 50 wäre, würde ich genau das machen", sagte sie und gab sich den kompletten Inhalt des Likörglases auf einmal.

"Also darauf brauch' ich jetzt auch einen". Während Birgit sich einen eingoss, fuhr Gerda fort.

"Wir Frauen sind unser ganzes Leben immer für die anderen da. Für die Geschwister, die Eltern, die Kinder, die Freunde der Kinder, die Enkel, die Nachbarn. Wir kümmern uns, kochen und backen. Wir werden jedoch nie gefragt, was wir eigentlich wollen. Wir machen dort Urlaub, wo die Kinder Spaß haben, was übrigens für die gesamte Freizeit gilt. Unsere Kinder denken, das ist genau das, was wir wollen und was uns glücklich macht. Pass bloß auf! Wenn du jetzt nicht anfängst Nein zu sagen, passt du jedes Wochenende auf die Enkel auf, während deine Kinder Spaß haben!" Die beiden Frauen prosteten sich zu.

"Also ganz ehrlich Gerda, ich hätte nie gedacht, dass du so

tickst. War Mama auch so?" Ihre Eltern waren vor fünf Jahren auf dem Weg zur lang ersehnten Kreuzfahrt tödlich verunglückt. Seitdem war ihre Tante ihr noch näher als zuvor.

"Deine Mutter hat dich geliebt. Und sie hat ihr Leben aufgeschoben. Eine Kreuzfahrt machen, wenn man alt ist, das hat sie jetzt davon. Gott hab sie selig!" Die alte Frau bekreuzigte sich schnell.

"Ich dachte immer, sie wäre zufrieden gewesen?"
"Natürlich war sie das. Aber zufrieden ist eben nicht Abenteuer. Zufrieden ist nicht befriedigt. Zufriedene Menschen sterben mittelmäßig. Wenn du noch was erleben willst, dann mach das, und zwar nicht erst irgendwann und erst recht nicht, wenn du in Rente gehst. Wäre deine Mutter noch am Leben, würde sie dir heute genau dasselbe sagen. Scheiß auf den Quatsch, dass du jetzt alt bist. Du bist nicht mehr jung, aber alt bist du nicht, bevor du 70 wirst. Glaub mir, ich weiß, wovon ich rede. Deine Zeit zu leben ist genau jetzt."

Die Worte ihrer Tante trafen sie mitten ins Herz, aber sie machten ihr auch Mut. Sie wollte leben, genau das war es, was sie den ganzen Tag gestört hatte. Sie wollte frei sein und mal abgesehen von ihrer Arbeit, sich nicht ständig um andere kümmern. Durfte sie das eigentlich als Mutter? Oder hatte sie das Recht auf erwachsenen Spaß mit dem Erhalt des Mutterpasses abgegeben?
"Oma!?" Die kleine Emma stand vor ihr und schaute sie fragend an.
"Ich soll dich fragen, ob du jetzt Essen kommst?" Die Kleine nahm sie bei der Hand und zog sie energisch mit sich. Dasselbe tat sie dann mit Gerda.

Nein!

Inzwischen widmeten sich alle Anwesenden dem Buffet und waren im ganzen Haus verstreut. Die Kinder saßen um sie herum und alle unterhielten sich angeregt.
"Sag mal Mama, was machst du eigentlich im nächsten Urlaub?", fragte Thorsten.
"Och, ich weiß noch nicht, wieso?".
"Tanja und ich haben uns gefragt, ob Papa und du nicht einen Familienurlaub mit uns machen wollt?" Fragend sahen die beiden Ruben und sie an. Sie spürte einen scharfen Stoß in ihre Rippen. Es war Gerda, die sie mit dem Ellbogen angestoßen hatte und auffordernd ansah.
"Sag Nein! Jetzt oder nie!", flüsterte sie. Birgits Blick fiel auf Ruben, der verstohlen in seinem Essen herumstocherte. Eigentlich hatten die beiden schon Pläne gemacht, die wichen allerdings deutlich von den Erwartungen der Kinder ab. Da war sie sich sicher.
"Mama? Familienurlaub, was sagst du? Wir wollten an die Nordsee fahren, da können die Kinder so schön am Strand spielen?"

Der nächste Moment lief wie in Zeitlupe ab. Sie sah Thorstens und Tanjas erwartungsvolle Blicke, Ruben hielt sich wie immer raus. Ihre Seite schmerzte noch immer von dem Knuff und erinnerte sie an die scharfen Worte Gerdas. Sie sah den Urlaub vor ihrem inneren Auge ablaufen. Sie trug einen matronenhaften Badeanzug und Ruben eine dieser lächerlichen Bermudashorts mit flippigem Alt-Herrenmuster. Sie saß mit den kleinen Kaka-Bombern im Sand und füllte Förmchen mit eben diesem, während ihre Kinder sorglos lachend Cocktails an der Strandbar genossen. Sie durfte im gemieteten Bungalow für alle kochen. Selbstverständlich gab es Spezialitäten wie Fischstäbchen mit Pommes oder Nudeln mit Tomatensoße. Anschließend konnte sie alles wegspülen und kurz noch ein paar Kreuzworträtsel lösen, bevor Ruben und sie platonisch nebeneinander um 20.30 Uhr todmüde ins Bett fielen. "Nein Danke!"

Hatte sie das gerade laut gesagt? Die erstarrten Gesichter um sie herum bestätigten diese Vermutung. Okay, sie hatte es mehr geschrien als laut gesagt. Sie räusperte sich kurz. "Ich meine äh, nein danke. Wisst ihr, eigentlich haben Papa und ich doch schon Pläne gemacht." Die Kinder sahen maßlos enttäuscht und Ruben heilfroh aus.
"Okay, was habt ihr denn so Schönes geplant? Eine Weltreise vielleicht?", fragte Linda zwinkernd.

"Nein danke! Die kann ich auch noch mit 70 machen, falls ich das möchte. Eigentlich haben Papa und ich eine Motorradtour durch Schottland geplant. Wir übernachten in verschiedenen Spukschlössern und gehen auf Geisterjagd." Als sie ihre Pläne laut aussprach, merkte sie, mit wie viel Begeisterung sie das tat. Die offenen Münder ihrer Lieben, die glotzenden Kollegen und die spöttisch dreinblickenden Nachbarn waren ihr in diesem Moment egal.
"Geister? Motorrad? Du kannst doch gar nicht fahren?"
"Ich mache gerade meinen Motorradführerschein und bis zum Spätsommer habe ich genug Erfahrung, um eine Tour zu meistern. Wir haben uns sogar schon das komplette Geisterjäger-Equipment gekauft, um die verschiedenen Phänomene aufzuzeichnen."

Nach einer kurzen allgemeinen Stille war Linda die Erste, die ihre Worte wieder fand. "Ich finde das großartig. Ganz ehrlich. Ich meine, ich glaube nicht an Geister und so einen

Hokuspokus, aber wenn das euer Ding ist. Ich wünsche euch ganz viel Spaß. Das Leben hört ja mit 50 nicht auf. Eure Kinder sind groß, ihr seid frei, warum also nicht?" Das allgemeine Entsetzen wich einer lustigen Neugier und vielen klärenden Gesprächen. Die älteren Verwandten erzählten von Dingen, die sie immer mal hatten machen wollen. Ihre Kollegen, Nachbarn und auch der kleine Fynn, alle unterhielten sich über Sachen, die sie gerne einmal ausprobieren wollten. Niemand sprach mehr vom Alt sein und schon gar nicht davon, dass es jetzt nur noch bergab gehen würde.

So konnte es weitergehen. 50 war eben nicht die Vorbereitung aufs geriatrische Wunderland, sondern der Beginn von etwas Neuen. Einer Zeit, in der man genau weiß, wer und was man ist und auch, was man will und was nicht. Die nächsten Jahrzehnte konnten kommen. Heute nahm sie sich vor, ihr Leben zu genießen, und zwar genauso, wie sie das wollte. Als schließlich der letzte Gast gegangen war und Ruben und sie winkend in der Tür standen, sah dieser sie liebevoll an. "Danke meine Schöne."
Sie legte ihre Arme um seinen Hals. "Wofür?"
"Dafür, dass du uns heute vor dem Abstellgleis bewahrt hast. Du hast gesagt, was ich mich nicht getraut habe. Ich glaube, unsere nächsten Jahre werden verdammt spaßig."
Sie schmunzelte und drückte ihm einen Kuss auf den Mund. "Das glaube ich auch und wer weiß, vielleicht sind die Kinder das nächste Mal so weit, dass wir ihnen von unserem TikTok-Account erzählen können." Lachend gingen beide ins Haus.

EIN COWBOY FÜR BILLE

Manuela Paul

„Mama, hast du meine Trainingshose gesehen?"
Bille fuhr erschrocken zusammen. Hastig schaltete sie den Monitor aus und schwenkte, bemüht um einen harmlosen Gesichtsausdruck, mit dem Drehstuhl herum. In der offenen Tür des Wohnzimmers stand Carla, in den Händen einen leeren Wäschekorb.

„Was hast du denn am Notebook gemacht?", wollte sie wissen.

„Nichts Besonderes", gab Bille zurück und hoffte, dass ihre Wangen sich nur heiß anfühlten und nicht wie überreife Tomaten leuchteten.

„Warum hast du denn dann so rote Backen?", grinste Carla.

Mist!

„Das ist ein gängiges Symptom der Wechseljahre", brachte Bille hervor.

„Aha!" Carlas Blick stellte klar, dass sie ihr kein Wort glaubte. Bevor ihre 24-jährige Tochter eine der Verhörtechniken anwenden konnte, die man ihr auf der Polizeischule derzeit vermittelte, wechselte Bille rasch das Thema.

„Deine Hose liegt im Wohnzimmer bei dem Stapel mit der Bügelwäsche. Ich mache mich nachher an die Arbeit", sagte sie.

Doch Carla winkte ab und erklärte: „Beim Kickboxen werde nicht nur ich, sondern auch meine Hose attackiert. Ich packe sie ungebügelt ein, dann kannst du mit dem, was du gerade online gemacht hast, in aller Ruhe fortfahren."

Sichtlich amüsiert blickte ihre Tochter sie an.

„Ich habe die Gästeliste für nächste Woche überflogen. Man wird schließlich nur einmal im Leben 50 Jahre alt", improvisierte Bille.

„Dann weiterhin viel Freude beim Planen der großen Feier", meinte Carla und wandte sich ab.

Erleichtert darüber, dass ihr Geheimnis nicht ans Tageslicht gekommen war, atmete Bille aus.

Im selben Moment drehte sich Carla noch einmal um. „Falls auf deinem Monitor während des Lesens der Gästeliste erneut Fotos von attraktiven Cowboys erscheinen sollten – ganz von selbst versteht sich natürlich – dann achte bitte darauf, dass der Virenschutz immer aktuell ist." Sprach's, wandte sich um und schloss die Tür hinter sich.

Bille öffnete den Mund, um sich zu verteidigen, klappte ihn jedoch unverrichteter Dinge wieder zu. Dass Carla vermutete, sie würde sich online Fotos von gut aussehenden Fremden ansehen, war unangenehm, aber immer noch besser, als wenn die Wahrheit ans Licht käme …

Am Abend desselben Tages saß sie mit ihren zwei Töchtern beim Essen in der Küche.

„Hast du dir jetzt endlich überlegt, was du dir zum 50. Geburtstag wünschst?", wollte die zwanzigjährige Rhea wissen.

Bille zuckte ratlos mit den Schultern. „Ich setze da ganz auf eure Kreativität."

„Die hat dir während unserer Grundschulzeit mehrere schiefe Topflappen, zwei instabile Bilderrahmen und eine desaströse Geburtstagstorte eingebracht", lachte Rhea.

Noch beim Gedanken an das ungenießbare Backwerk zog sich Billes Magen zusammen. Tapfer hatten sie und Marek jeweils ein Stück davon gegessen. Kurz darauf hatte er ihr die Trennung erklärt. Das hatte zwar nichts mit dem missglückten Geburtstagskuchen zu tun gehabt, doch die darauffolgende Scheidung war mindestens genauso bitter gewesen wie die Füllung der Torte.

„Erde an Mama! Erde an Mama! Was willst du zu deinem runden Geburtstag?", rief Rhea und brachte Bille damit wieder in die Gegenwart zurück.

„Euch fällt schon noch etwas Passendes ein. Mit den Orchideen, der neuen Küchenmaschine und dem Wellness-Set fürs Badezimmer war ich an Weihnachten, am Muttertag und an meinem letzten Geburtstag hochzufrieden", erklärte sie ihren Töchtern.

„Da bist du aber keine 50 geworden", meinte Rhea ungeduldig. „Haushaltsgegenstände, Reinigungsgeräte, Textilien, Klamotten oder Pflanzen sind dieses Mal tabu. Sieh es als deine persönliche Aufgabe an, uns mit einem wirklich originellen Wunsch zu erfreuen. Du hast bis übermorgen Zeit!"

In ihrem Job als Übersetzerin lief Bille unter Abgabedruck stets zur Höchstform auf. Im Falle von Präsentideen leider nicht.

Beschämt gestand sie ihren Töchtern einige Tage später die gedankliche Leere im Hinblick auf ein Geschenk und fügte hinzu: „Wahrscheinlich bin ich einfach wunschlos glücklich!"

„Sag das nicht", grinste Carla. „Um ehrlich zu sein, Mama, uns kam mittlerweile die perfekte Idee!"

Überrascht blickte Bille ihre Töchter an. Was hatten sie sich wohl ausgedacht?

Noch während sie nach dem Frühstück das Notebook hochfuhr, grübelte sie darüber nach, doch es wollte ihr nichts einfallen. Deshalb hakte sie das Thema ab und warf einen Blick in ihr Postfach.

Dort fand sie drei neue Aufträge sowie, ihr Blutdruck beschleunigte sich, eine Nachricht von David.

Seit sie durch eine Übersetzungsarbeit zufällig miteinander

in Kontakt gekommen waren, waren zahlreiche E-Mails und Fotos zwischen Texas und dem kleinen Dorf in der Eifel, in dem sie mit Rhea und Carla lebte, ausgetauscht worden. Ganz allmählich hatte sich ihr Herzschlag mit jeder Nachricht beschleunigt. Schließlich hatte sie sich eingestehen müssen, dass sie sich Hals über Kopf in einen texanischen Ranchbesitzer verliebt hatte. In den Besitzer einer Ranch, der für sie genauso unerreichbar war wie der Sänger, für den sie während ihrer Jugend geschwärmt hatte.

Doch auch mit fast fünfzig Jahren durfte man schließlich noch träumen. Jedenfalls im Geheimen. Denn David wusste nichts von ihrer kleinen Schwärmerei. Und niemand in der Eifel wusste von seiner Existenz. Und so würde es auch bleiben!

Wie immer juckte es sie in den Fingern, seine E-Mail sofort zu öffnen. Doch dann würde sie sich von einer umgehenden Antwort nicht abhalten können. „Erst die Arbeit, dann das Vergnügen", murmelte Bille und begann mit einem Übersetzungsauftrag. Da ertönte ein lautes Piepsen. Wenige Minuten später kämpfte sie auf der Leiter stehend mit dem störrischen Plastikgehäuse des Rauchmelders über Carlas Schreibtisch.

„Erst wolltest du nicht an die Decke und jetzt weigerst du dich loszulassen", brummte Bille ärgerlich. „Dabei will ich dir doch nur mit neuen Batterien zurück ins Leben helfen. Jetzt komm schon!" Sie zog mit aller Kraft - und verlor den Halt, als der Rauchmelder plötzlich nachgab. Polternd fiel Bille zu Boden und mit ihr ein Stapel Papier, der auf dem Schreibtisch ihrer Tochter gelegen hatte.

Fluchend rappelte sie sich wieder hoch und begann, die auf dem Boden verteilten Dokumente zusammenzuschieben. Plötzlich jedoch erstarrte sie. Denn von einem

Hochglanzprospekt grinste sie ein muskulöser Cowboy mit nacktem Oberkörper an. Er trug eine eng anliegende Rodeohose und einen überdimensionalen Cowboyhut. Über seinem Kopf prangte der Schriftzug: „Stripper Jim bringt nicht nur das Lasso in Schwung, sondern hält auch das Blut des weiblichen Publikums jung. Buchbar ist der amerikanische Traum für Events aller Art wie Junggesellinnenabschiede oder Geburtstagsfeiern."

Billes Blut kam tatsächlich in Wallung. Allerdings nicht auf angenehme Art und Weise. Panik machte sich in ihr breit. Vor wenigen Tagen hatte Carla für einige Sekunden das Foto ihres texanischen Bekannten auf dem Bildschirm gesehen. Anscheinend hatte sie mit Rhea über den gut gebauten Cowboy auf Mamas Notebook gesprochen. Beide hatten offenbar die falschen Schlüsse gezogen und waren auf eine fatale Geschenkidee gekommen ...
Das Geräusch eines Autos riss sie aus ihren Gedanken. Sie stürzte zum Fenster. Carlas Wagen bog in die Einfahrt. Mit fliegenden Fingern raffte Bille die Papiere zusammen. Das Chaos war gerade beseitigt, als ihre Tochter den Raum betrat. „Was machst du denn in meinem Zimmer?", fragte sie verwundert.
Bemüht um einen harmlosen Gesichtsausdruck verwies Bille auf den Rauchmelder auf der Schreibtischplatte. „Er braucht neue Batterien."
„Das hätte ich auch übernehmen können", sagte Carla.
„Ich wusste nicht, dass du heute früher kommst", antwortete Bille betont gelassen, während sich die Gedanken in ihrem Kopf überschlugen.
Sollte sie Carla sofort auf den Stripper ansprechen? Aber wie?
Auf humorvolle Art und Weise? "An meinem Geburtstag sollen nur Tische ausgezogen werden und keine Männer!"

Oder vielleicht besser indirekt? "Hoffentlich wird die Feier für die herzschwache Edeltraud nicht zu viel!"
Jeglicher Kommentar würde jedoch unweigerlich Fragen nach sich ziehen. Fragen, die früher oder später zu Davids Foto führen würden.
Puh!
Bille entschied, sich alles zunächst in Ruhe durch den Kopf gehen zu lassen und das Thema in einem passenden Moment anzusprechen.

Doch auch am Tag vor der Feier hatte sie die richtigen Worte noch immer nicht über die Lippen gebracht, und als es gegen 15 Uhr an der Tür läutete, schrak sie zusammen. Hatte sie das Unvermeidliche zu lange vor sich hergeschoben? Hatten ihre Töchter den Stripper einen Tag früher für eine Privatvorstellung bestellt?
Mit zitternden Händen öffnete sie die Haustür und wäre vor Erleichterung fast in die Knie gegangen, als kein halb nackter Cowboy, sondern ein vollständig bekleideter Postzusteller vor ihr stand. Dieser überreichte ihr ein geschäftliches Einschreiben sowie einen Brief des Restaurants, in dem die morgige Feier stattfinden würde.
Bille legte das Einschreiben neben das Notebook und ging zurück in die Küche. Währenddessen überflog sie den Brief der Gastwirtschaft. Anscheinend hatten Rhea und Carla heimlich umgebucht. Statt des kleinen Saals war nun der große Veranstaltungsraum samt Showbühne reserviert.
„Die Showbühne? Oh nein", stöhnte Bille und ließ sich auf einen Küchenstuhl fallen.
„Geht es dir nicht gut?" Rhea betrat den Raum.
„Ist was mit Mama?" Hinter ihrer Schwester kam Carla in die Küche. Beide hatten sich den Tag freigenommen, um die letzten Festvorbereitungen in Ruhe treffen zu können. Bille holte tief Luft und beschloss, das Unangenehme

schnellstmöglich hinter sich zu bringen.

„Ich bin zu alt für einen Stripper", sagte sie.

„Für Stripper ist man nie zu alt", lachte Rhea. Carla nickte grinsend.

„Aber aufgezwungen werden sollte er niemandem", setzte Bille nach.

Die Fröhlichkeit wich aus den Gesichtern der beiden. Langsam schien ihnen zu dämmern, worauf Bille hinauswollte. So ruhig wie möglich fuhr sie fort: „Ich schätze originelle Geschenke sehr. Aber nur, wenn sie sich nicht selbst auspacken. Und dazu auch noch", sie verzog peinlich berührt das Gesicht, „womöglich meine Hilfe benötigen!"

Carla setzte sich zu ihr an den Küchentisch. „Willst du uns damit sagen, dass du keinen Stripper ausziehen willst?"

„Genau", Bille nickte, erleichtert darüber, dass es endlich heraus war!

Nun ließ sich auch Rhea am Tisch nieder. „Wer sagt denn, dass du einen Stripper ausziehen musst?", fragte die Zwanzigjährige.

Jetzt reichte es Bille!

„Ihr könnt den großen Saal mit seiner Bühne genauso stornieren wie Cowboy Jim", rief sie und warf das Schreiben des Restaurants auf den Küchentisch.

Zeitgleich beugten sich ihre Töchter über das Papier.

Carla hob als Erste den Blick. „Wir haben umgebucht, das stimmt", begann sie bedächtig. Dann zuckte es um ihre Mundwinkel. „Du denkst, wir hätten dies getan, weil sich ein Stripper auf der Showbühne austoben soll?" Sie brachte den Satz gerade noch zu Ende, bevor sie von Lachen so geschüttelt wurde, dass sie nicht mehr weitersprechen konnte. Dies steckte auch Rhea an. Fassungslos beobachtete Bille, wie ihre Töchter sich auf den Stühlen krümmten, nach Luft schnappten und sich die Lachtränen aus den Augen wischten.

„Das wäre ja noch besser als die bittere Torte! Carla, stell
dir mal die Blicke von Tante Adelheid und Onkel Rüdiger
vor, wenn Cowboy Jim die Hüllen fallen lässt", brachte
Rhea schließlich heraus, was einen weiteren Lachanfall der
beiden nach sich zog.

Die Einzige, der überhaupt nicht zum Lachen zumute war,
war Bille.

Was war hier los?

Endlich beruhigten sich ihre Töchter. Carla griff nach ihrer
Hand und drückte sie. „Wie auch immer du auf den
Prospekt von Jim gestoßen bist, ich versichere dir, er wird
sich garantiert nicht vor uns ausziehen. Denn es gibt
keinen Stripper, der sich Cowboy Jim nennt. Das Faltblatt
haben Rhea und ich als Scherzgeschenk für unseren
Freund Jimmy drucken lassen. Es gibt da so einen Running
Gag, dass er … na ja, ist ja eigentlich egal. Jedenfalls stud-
iert Jimmy Jura und lässt höchstens vor seiner Freundin die
Hüllen fallen. Also keine Sorge, Mama. Dir droht kein Un-
gemach von Stripperseite! Die Bühne haben wir jedoch
tatsächlich gebucht, und zwar um dir dort die Geschenke
zu übergeben. Zudem sollen einige Reden gehalten
werden. Man wird schließlich nur einmal im Leben 50
Jahre alt."

„Auch unser Geschenk wirst du auf der Bühne erhalten",
schaltete sich nun Rhea ein. „Allerdings hat es eine Hinter-
grundgeschichte, die nicht für den großen Rahmen gedacht
ist. Wir wollten deshalb eigentlich heute Abend mit dir reden. Aber da wir nun schon zusammensitzen, können wir
es auch gleich tun", Rhea warf einen kurzen Blick zu Carla
und fuhr, als diese nickte, fort: „Mama, wann wolltest du
uns eigentlich vom texanischen David erzählen?"

Weil Bille vor Überraschung die Luft wegblieb, konnte sie

die Frage nicht beantworten. Dies schienen ihre Töchter jedoch gar nicht zu erwarten, denn Rhea berichtete bereits: „Er hat Carla vor einigen Tagen wegen eines Geburtstagsgeschenkes für dich über ein Soziales Netzwerk kontaktiert."

„Woher hatte er denn die Kontaktdaten?", brachte Bille völlig perplex hervor.

„Mit etwas Glück reichen in den Sozialen Netzwerken der Vor- und Nachname sowie ein Wohnort, um eine Person ausfindig zu machen. Nun ja, dies alles hatte David herausgefunden. Im Gegensatz zu uns ist er ganz gut informiert!" Bei diesen Worten hob Rhea die Augenbrauen und Bille spürte prompt, wie ihr die Röte ins Gesicht schoss. Sie fühlte sich wie ein beim ersten Flirt ertapptes Schulmädchen.

„Wir haben einige Zeit gechattet", sagte Carla nun. „David scheint ziemlich nett zu sein. Das hat uns auf die Idee mit dem Geschenk gebracht und …"

„Warte mal", fiel Bille ihrer Tochter hastig ins Wort. Denn der Gedanke, der ihr gerade gekommen war, war noch schlimmer als ein Stripper zum Geburtstag. Sie musste zweimal ansetzen, bevor sie die Worte endlich mühsam hervorbrachte: „Ihr habt David aber nicht einfach als lebendiges Überraschungsgeschenk für morgen eingeladen!?"

Ihr wurde erst heiß und kalt und dann wieder heiß. Und nein, das war erneut nicht den Wechseljahren geschuldet, sondern der Vorstellung, dass ihr heimlicher Schwarm vor der versammelten Verwandtschaft ans Tageslicht gezerrt wurde.

„Also echt, Mama!", rief Carla und sah so beleidigt aus, dass Bille Mut schöpfte.

Und auch Rhea schüttelte energisch den Kopf. „Erst denkst du, wir bestellen dir einen Stripper und nun das! Etwas mehr Taktgefühl darfst du uns durchaus zutrauen. David kommt nicht her. Wir drei fliegen nach Texas und mieten seine Fremdenzimmer auf der Ranch. Während Rhea und ich erfahren, wie man Lassos schwingt, könnt ihr euch kennenlernen. Dein Cowboy war begeistert von der Idee und besteht sogar darauf, uns einzuladen. Wir müssen nur die Flüge bezahlen."

Bille spürte, wie sich ihr Mund öffnete. Heraus kam jedoch kein Wort.

„Du warst die letzten Jahrzehnte immer für uns da und hast nach der Scheidung wie eine Löwin gekämpft, um uns drei ein gutes Leben aufzubauen", sagte Carla lächelnd. „Jetzt sollst du mal ein bisschen an dich denken und den Cowboy in Texas kennenlernen. Falls David sich wider

Erwarten als Idiot entpuppt, buchen wir uns einfach woanders ein und machen uns trotzdem eine schöne Zeit zu dritt. Falls es bei einer Freundschaft bleibt - gut. Wenn sich zwischen euch mehr entwickelt - auch gut. Du kannst als Übersetzerin mobil arbeiten. Wir sind erwachsen. Dir steht jetzt also die Welt offen, um deine Träume zu leben. Wir werden dir morgen auf der Bühne deshalb einen Reisegutschein für Texas überreichen, jedoch ohne dabei auf die Hintergründe einzugehen. Deine Freundschaft mit David bleibt so lange unter uns, bis du sie publik machen möchtest. Also … hast du Lust auf ein amerikanisches Reiseabenteuer zu dritt?"

„Was für eine Frage!!", rief Bille, sprang auf und umarmte ihre Töchter.

POWER FÜR DIE FRAU AB 50
Marta Pollmann

„Wumms!" Die Tür wird aufgerissen.

„MAMA!"

Carola ist gerade in ihr Buch „Power für die Frau ab 50"
vertieft und reagiert nicht, als ihre Tochter Lena ins Zimmer stürmt. Das Buch ist spannend. Es ist eines der vielen
Geschenke ihrer Kolleginnen anlässlich ihres 50.
Geburtstags, der bereits einen Monat zurückliegt. Bis jetzt
war sie noch nicht zum Lesen gekommen. Grinsend muss
sie an ihren Geburtstagstisch zurückdenken, den die Kolleginnen für sie dekoriert hatten. Die runden Geburtstage
wurden in der Bank immer besonders gefeiert. Es war Tradition, die Schreibtische passend zum Anlass zu gestalten.
Auf ihrem Schreibtisch hatte an ihrem 50. Geburtstag ein
riesiger Blumenstrauß gestanden. Kerzen, Glitzerdeko und
Geschenke – ihre Bürogemeinschaft hatte sich wieder
mächtig ins Zeug gelegt, um ihr einen fantastischen Ehrentag zu bereiten. Quer durchs Büro war - Carola hatte
ihren Augen kaum getraut – eine lange Schnur gespannt
gewesen, an der kleine Geschenke gehangen hatten:
Stützstrümpfe, Zahnprothesenreiniger, Gesichtsmasken,
Faltencreme – nicht ganz so subtile Hinweise auf die an-
geblichen Bedürfnisse einer Frau ab 50. Zwischendrin
hingen lauter runde Schilder mit einer dicken 50 drauf. Wer
dieses Alter erreichte, brauchte für den Spott nicht zu
sorgen. Irgendwie hatte Carola es auch witzig gefunden.
Unter den frechen Hinweisen auf ihr fortgeschrittenes Alter war dieser Ratgeber gewesen. Der Klappentext ver-
sprach nach der Lektüre mehr Power und innere Stärke ab

der Lebensmitte. Powerfrauen, so hieß es dort, würden belastenden Umständen und Herausforderungen im mittleren Alter erfolgreich begegnen und jederzeit flexibel und anpassungsfähig reagieren. Nun, eine dieser Herausforderungen steht gerade vor ihr.

„MAMA! Bist du taub? Welche Kartons soll ich für meine Sachen nehmen? In die Tasche passt nichts rein!"

Und schon poltert Lena die Treppe hoch, ohne eine Antwort abzuwarten und fängt an, wahllos Dinge aus ihren Regalen herauszuziehen und in Tüten zu werfen.

Carola seufzt und kommt mühsam aus der Welt der Gelassenheit und inneren Power in die Realität zurück. Richtig. Morgen würde Lena mit ihrer Freundin Svenja ihre erste eigene kleine Zweizimmerwohnung beziehen. Fängt sie jetzt erst an zu packen? Carola will gar nicht daran denken, wie still es im Haus sein wird, wenn Lena nicht mehr die Treppen hinauf- und herunterstürmt. Sie weiß, dass jedes Kind irgendwann ein eigenes Leben führen will, aber sie findet, Lena ist noch nicht reif dafür. Sie selbst ist jedenfalls noch nicht reif dafür!

Was hatte sie gerade im letzten Abschnitt gelesen: „Um innerlich ruhig zu werden, atme tief ein und aus." Carola atmet tief ein und aus, fühlt sich aber immer noch nicht wirklich ruhig. Wie schaffen Powerfrauen es nur, innerlich ruhig zu sein, fragt sie sich. Wahrscheinlich schreiben Powerfrauen solche Ratgeber, wenn ihre Kinder schon längst ausgezogen sind. Carola legt ein Lesezeichen in ihr Buch. Bevor sie sich aus ihrem bequemen, alten Ledersessel erhebt, kommt Lena schon wieder ins Wohnzimmer gestürmt.

„Wo sind die Kartons? Hast du mir keine Kartons für die Pflanzen besorgt?"

„Frag Papa. Ich habe Papa gebeten, dir Kartons zu besorgen. Hat er wohl vergessen."

Immer bleibt alles an ihr hängen! Aber darüber will sie sich jetzt nicht aufregen. Es ist nicht leicht, eine Powerfrau zu sein. Zu schnell fällt sie in ihre Rolle als überfürsorgliche Mutter zurück, wenn etwas schiefläuft. Carola lässt sich wieder in ihren Sessel sinken und greift erneut zu ihrem Buch „Power für die Frau ab 50". Sie will endlich wissen, wie sie eine solche Powerfrau wird. Und das bitte möglichst schnell. Sie nimmt noch einen großen Schluck aus ihrer Kaffeetasse und vertieft sich erneut in die Lektüre. Doch die Konzentration ist weg. Überhaupt, was hat Lena gerade von Pflanzen erzählt? Sie hat doch gar keine Pflanzen in ihrem Zimmer.

„Lena! Was für Pflanzen?" Aber Lena ist schon wieder in ihrem Zimmer verschwunden.

Carola hört, wie oben die große Kommode herumgeschoben wird. Dann plötzlich „Rumms". Irgendetwas ist umgefallen. Mit einem Ohr hört Carola nach oben. Sie sollte sich nicht mehr so viel in das Leben ihrer Kinder einmischen, stand in ihrem Buch über Powerfrauen. Starke Frauen machen ihr Ding und kümmern sich nicht mehr ständig um die Kinder. Vor allem, wenn die schon so groß sind wie Lena und Ole. Die machen nämlich ihr eigenes Ding. Lenas Ding macht gerade enorm viel Krach. Schon wieder hört Carola ein Poltern von oben, gefolgt von einem Schrei. Prompt wird oben die Tür von

Oles Zimmer aufgerissen.

„Mach nicht so einen Krach!", ruft Lenas Bruder. „Ich höre mein eigenes Ballern nicht!"

Aha, Ole spielt schon wieder Doom. Hatten sie nicht vereinbart, dass er es nur eine Stunde am Nachmittag spielt? Nun muss sie doch mal gucken, Powerfrau hin oder her. Entnervt legt Carola ihr Buch auf den kleinen Tisch neben dem Sessel und will gerade die Treppe hinaufrennen, da schreit Lena nach unten:

„Du brauchst mir nicht zu helfen. Ich komme schon klar!"

„Wirklich?", fragt Carola zweifelnd.

„Ja, ich bin sowieso gleich fertig! Ole kann mir helfen. Ich brauche nur noch etwas Erde!"

ERDE? Am liebsten würde Carola jetzt nach oben gehen und nachsehen, aber sie weiß genau, dass Olav ihr dann wieder vorwirft, dass sie die Eigenständigkeit ihrer Kinder unterminiert.

Montagabend. Es ist schon spät, aber Carola kommt nicht zur Ruhe. Alles ist so still. Wie es Lena jetzt wohl in ihrer kleinen Wohngemeinschaft geht? Olav und sie hatten gemeinsam mit Lena am Wochenende das neue Zimmer begutachtet. Das heißt, Olav hatte begutachtet und sie hatte geputzt. Während Lena mit den Augen rollte und Svenja vielsagend grinste, hatte Carola den Wischlappen geschwungen und nicht nur Lenas Zimmer, sondern auch gleich Svenjas auf Hochglanz gebracht. Gut, dass die Powerfrauen-Autorin das nicht gesehen hatte! In der Küche hatten die beiden schon viele Grünpflanzen stehen, wahrscheinlich Einzugsgeschenke der Freundinnen. Wie nett. Darüber hing eine matte Glühbirne. Die Ecke war eigentlich nicht hell genug für Blumen.

Nun sitzt Carola also in der Küche, nimmt einen Schluck von ihrem Rotwein und lauscht der Stille. Was Lena jetzt wohl machte? Ob sie die ersten Nächte gut in der neuen Wohnung überstanden hat? Carola holt sich ihr Buch aus dem Wohnzimmer und schlägt das nächste Kapitel auf. Es handelt davon, wie sie zu tiefer Ruhe und Gelassenheit durch Meditation gelangen kann. Draußen ist es schon dunkel. Oben schnarcht Olav bereits leise vor sich hin. Aus Oles Jungenhöhle dringt dagegen kein Laut. Carola kann noch nicht ans Schlafen denken. Von den letzten Seiten des Buchs hat sie nicht viel behalten. Sie fängt das Kapitel noch einmal von vorn an: mit positiven Affirmationen das Leben verändern. Ob das klappt? Ich bin eine entspannte und selbstbewusste Powerfrau. Ich lasse alle Sorgen los. Ich bin ... ob sie einfach mal bei Lenas Wohnung vorbeifahren soll? Sie muss ja nicht klingeln, sie will nur wissen, ob alles ok ist.

Carola nimmt ihre Jacke vom Haken und verlässt leise das Haus. Sie steigt ins Auto und fährt in die Fischerstraße, wo Lenas neue Wohnung im ersten Stock liegt. Der Gedanke an die Pflanzen unter der Leuchte lässt ihr keine Ruhe. Mit ihren langen grünen Blättern sahen die ein bisschen aus wie, wie ..., ja, sie muss es für sich auf den Punkt bringen. Sie sahen aus wie Hanfpflanzen. Und Lena hatte ja auch von Pflanzen gesprochen und von Erde. Züchteten die beiden jetzt etwa Hanfpflanzen in ihrer Wohnung? Das war doch illegal! Carola sieht schon vor ihrem geistigen Auge, wie ihre Tochter in Handschellen aus der neuen

Wohnung geführt wird. Sie drückt aufs Gas und zieht wenig später den Polo in die Parklücke vor dem Haus mit der gelben Fassade. Im ersten Stock des Mietshauses ist alles dunkel, nur aus der Küche scheint ein dämmriges Licht. In ihrer Fantasie liegen die Mädchen in ihrem Zimmer auf dreckigen Matratzen wie in einer qualmigen, dunklen Opiumhöhle. Sie schleicht auf das Haus zu. Wenn sie nur durch das Fenster blicken könnte! Aber das liegt in der ersten Etage.

Sie schaut sich um und grinst erfreut. Genau gegenüber dem Küchenfenster der Wohnung steht eine große Buche mit vielen Ästen. Darunter hat jemand sein Fahrrad angeschlossen. Perfekt, das wird ihr helfen, auf den ersten Ast zu gelangen. Ohne lange nachzudenken, hängt sie sich die Handtasche über die Schultern und zieht sich hoch. Nun  kann sie in der schummerig beleuchteten Küche schon fast den Esstisch erkennen. Sie klettert noch etwas höher und schiebt sich ein Stück auf dem großen Ast nach vorne. Jetzt kann sie die Quelle des Dunkellichts ausmachen. Ein großer Strahler baumelt von der Decke und beleuchtet schwach die üppige Pflanzenzucht auf dem Küchentresen. Carola zieht sich noch ein Stück nach vorne. Der Ast schwankt bedrohlich. Aber sie will jetzt wissen, was es mit den Pflanzen auf sich hat. Gerade setzt sie noch einen Fuß nach außen auf den Ast, als eine leise Stimme von rechts in ihr Ohr raunt:

„Vorsicht, der Ast ist schon etwas morsch."

Carola kreischt auf. Ihr Herz wummert wie verrückt. Sie kommt ins Trudeln, versucht noch den Ast neben sich zu greifen, aber zu spät. Der morsche Ast trägt das Gewicht der zappelnden Frau nicht mehr und bricht. Carola greift mit beiden Händen in den Nebenast. Nun kreischt eine weitere Stimme. Wer ist das denn? Sitzt hier etwa noch jemand im Baum? Zwei Figuren kämpfen um ihr Gleichgewicht, aber für zwei Personen ist dieser Ast zu schwach. Er neigt sich nach unten und versetzt die beiden herumrudernden Frauen in eine Abwärtsbewegung. Krach! Zweige, Äste und Frauen landen auf dem Boden. Carola vorneweg. Auf sie fällt eine dunkel gekleidete Frau mit einem langen, blonden Pferdeschwanz.

„Verd…Wer sind Sie denn! Was sollte das?" Zum Glück ist nur ihr Stolz verletzt. Carola sitzt ziemlich würdelos mit Blättern und kleinen Ästen in den Haaren in einer Pfütze. Die helle Jacke hat moosige und matschige Flecken und die Jeans ist ebenfalls dreckig. Die andere Frau ist zwar weich auf ihr gelandet, sieht jedoch nicht viel besser aus. Die Brille sitzt schief auf dem Kopf und auf ihrer linken Wange ist ein dicker Matschfleck. Carola schiebt die Frau von sich.

In diesem Moment öffnet sich die Haustür. Svenja und Lena leuchten mit einer Taschenlampe auf das schmutzige Häufchen aus zwei Frauen.

„Mama", schreien beide zugleich empört,

Carola guckt die Frau an. Diese wiederum guckt Carola an. Beide fangen zeitgleich an zu prusten.

„Bist du etwa…?"

„Und du … bist Svenjas Mama?"

„Jaa, ich bin Doro."

Wieder prusten beide los, während Lena und Svenja auf sie zukommen.

„Was macht ihr denn hier? Habt ihr uns etwa kontrolliert?" Entrüstet stemmt Lena die Hände in die Hüften.

„Überhaupt nicht!", stammelt Svenjas Mutter und Carola nickt betreten dazu. „Wir wollten nur mal schauen, ob die Grünpflanzen genug Licht bekommen. Überhaupt, was sind das eigentlich für nette Pflanzen?" Gespielt desinteressiert schielen beide Mütter auf ihre Töchter und helfen sich gegenseitig auf die Beine.

„Die Pflanzen in der Küche?? Ihr denkt wohl, wir züchten Hanf? Ein bisschen mehr Vertrauen könntet ihr schon haben!", sagt Lena. „Aber eure Strafe habt ihr ja schon bekommen", grinst sie versöhnlich und deutet auf die matschigen Jacken.

„Wir gehen dann mal wieder rein", sagt Svenja. „Und wenn ihr es genau wissen wollt, in der Küche ziehen wir unsere Microgreens. Das ist Superfood für unser Müsli. Wir wollen uns nämlich gesund ernähren, nicht immer Brötchen mit Käse." Damit drehen sich die beiden um und verschwinden grußlos hinter der Haustür.

Carola und Doro schauen ihnen verdattert hinterher. Superfood, cool. Da können sie doch von ihren Kindern direkt noch etwas lernen. Beide schauen sich an und müssen schon wieder loslachen.

„Wie wäre es mit einem Glas Wein?", fragt Doro. „Ich glaube, das haben wir uns jetzt verdient. Gut, dass uns sonst keiner gesehen hat. Wenn das die Autorin von meinem neuen Buch gesehen hätte!"

„Buch? Was denn für ein Buch?", fragt Carola interessiert.

„'Power für die Frau ab 50' heißt das. Darin geht es hauptsächlich darum, wie wir in unserem Alter zu mehr innerer Stärke und Gelassenheit kommen. So wie uns das gerade gelungen ist."

Wieder kreischen beide vor Lachen los.

„Das lese ich auch gerade!", japst Carola. „Komm, gehen wir etwas trinken. Ich glaube, unsere Kinder kommen ohne uns zurecht."

Lachend und herumalbernd ziehen Doro und Carola los. Die Autos lassen sie vorsichtshalber stehen.

KUSS MIT SCHUSS
Manuela Paul

Die Eingangstür fiel ins Schloss. Eva sah auf. Ein junger Mann in geblümtem Sommershirt und gelben Shorts schlappte in Flipflops an ihr vorbei und hob freundlich grüßend die Hand.

Darum bemüht, sich ihre Irritation nicht anmerken zu lassen, erwiderte Eva seinen Gruß. Seit einem halben Jahr arbeitete sie als Büromanagerin in dem kleinen Software-Unternehmen. Nach ihrer Scheidung und vielen Jahren der Tätigkeit als Minijobberin in einer Rechtsanwaltskanzlei war sie froh darüber gewesen, in ihrem Alter so rasch eine Vollzeitstelle ergattert zu haben.

Doch sobald sie die Firmenräume betrat, fühlte sie sich wie auf einem anderen Planeten. Er war von jungen Menschen bevölkert, deren Verhalten täglich für neue Konfusion bei ihr sorgte.

Die Bürotüren standen beispielsweise stets offen. Herrschte im Büro ein hohes Maß an Betriebsamkeit, fühlte sich Eva wie in einem Wellensittichschwarm, in dem jeder fröhlich vor sich hin zwitscherte, ohne sich an der massiven Geräuschkulisse zu stören.

Wenn zu viel Ruhe herrschte, war dies ebenfalls beunruhigend. Denn nur Eva war jeden Tag vor Ort. Ihre männlichen Kollegen arbeiteten, wann, wie und wo es ihnen passte. Jemanden zu erreichen, glich deshalb häufig einem Glücksspiel.

„Hi Eva, alles klar bei dir?" Mit diesen Worten bog Tom in ihr Büro. Mit Anfang 40 war der Geschäftsführer der Älteste im Unternehmen gewesen, bis Eva kurz nach ihrem 50. Geburtstag ihren ersten Arbeitstag angetreten hatte. Er trug an diesem heißen Tag ein verwaschenes Shirt und eine abgeschnittene Jeans.

Eva ergänzte die Liste ihrer inneren Verwirrung um die fehlende Kleiderordnung und die vertrauliche Ansprache mit dem „Du". Sie beobachtete überrascht, wie Tom sich auf der Kante ihres Schreibtisches niederließ.

Seine Beine waren rasiert.

„Wenn Männer nackte Haut zeigen, dann sollte sie gepflegt sein", sagte er und wippte mit dem Bein, das Eva gerade vom Knie abwärts inspiziert hatte.

Sie spürte, wie ihr das Blut in den Kopf schoss und fragte barsch: „Was willst du?"

„Kühlere Temperaturen. Weniger Tage bis zu meinem Jahresurlaub. Und da wäre auch noch der Weltfrieden", gab ihr Vorgesetzter zurück und federte erneut mit dem perfekt rasierten Bein. Seine Waden waren durchtrainiert und ...

Verdammt! Männerbeine hatten in der Arbeitswelt bedeckt zu sein. Vor allem, wenn sie zu einem zehn Jahre jüngeren und unerhört attraktiven Mann gehörten!

„Du sitzt auf meiner Kundenstatistik", blaffte sie ihn an.

„Papierloses Arbeiten liegt im Trend, wenn du dieser Bewegung auch folgen würdest, dann wäre deine Schreibtischplatte leerer ", erwiderte Tom, stand jedoch auf und fuhr fort: „Nächsten Freitagabend will ich ein Team-Event veranstalten. Es wäre gut, wenn du dir bis heute Mittag einige Ideen dafür einfallen lassen könntest."

Bei diesen Worten zuckte Eva innerlich zusammen. In Gedanken sah sie sich schon im Abseits stehen. So wie früher im Sportunterricht, wenn die Mannschaften gewählt wurden und sie so lange am Rand gestanden hatte, bis sonst niemand mehr übrig gewesen war. Doch im Unterschied zu damals, sie straffte die Schultern, oblag ihr nun die Organisation des Events. Damit konnte sie das notwendige Übel so klein wie möglich halten.

„Ich habe mir verschiedene Ausflugsziele überlegt", begann sie einige Stunden später und fühlte sich vor ihren Kollegen, die nach der Mittagspause satt und müde in den Stühlen hingen, wie die unerwünschte Lehrerin einer gelangweilten Schulklasse. Doch es galt, drohendes Unheil abzuwenden. Also fuhr sie fort: „Wir könnten eine Wanderung zu der Gaststätte im Rebberg machen. Alternativ bietet das Naturschutzgebiet Kanutouren an und das Krimi-Dinner in der Nachbarstadt hat noch kurzfristig Karten für nächsten Freitag."

„Warum da wohl noch Plätze frei sind?", brummte der neunzehnjährige Sven. Einige Kollegen lachten. Erst Desinteresse und nun Spott. Das war zu viel für Eva.

„Dann mach doch einen besseren Vorschlag, Sven", rief sie gekränkt.

Ungerührt strich sich der Angesprochene das zu lange Haar aus der Stirn. „Wir könnten zum Lasertag."

Mit einem Mal wirkte der Rest der Truppe hellwach. Und auch Evas Interesse war geweckt. Sich eine Lasershow anzusehen, das klang gleichermaßen amüsant und entspannend.

Zurück im eigenen Büro klickte sie gleich auf die Internetadresse, die Sven ihr zur Reservierung genannt hatte. Doch statt eines Showprogramms erschienen junge Menschen in Schutzwesten auf dem Bildschirm, die große, bunte Plastikpistolen in den Händen hielten.

Verwirrt arbeitete sich Eva durch das Menü und wurde mit jedem Satz, den sie las, blasser. Das Event hatte tatsächlich mit Laserstrahlen zu tun. Diese wurden jedoch nicht von einem gemütlichen Sitzplatz aus bewundert, sondern in einem Schwarzlichtparcours aus Pistolen auf Hindernisse und gegnerische Mitspieler abgefeuert.

„Du liebe Zeit", murmelte Eva und fasste einen Entschluss. Dieser Ausflug würde mit Sicherheit ohne sie stattfinden!

„Der Freitag war schon ausgebucht", erklärte sie Tom eine halbe Stunde später und hoffte inständig, dass er ihr die Lüge nicht ansah. „Aber ich habe noch Karten für den Donnerstag bekommen. Leider habe ich an dem Tag abends einen Zahnarzttermin und kann deshalb nicht dabei sein."

Zu ihrem Erstaunen war Tom tatsächlich enttäuscht. Und auch die anderen Kollegen äußerten ihr Bedauern. Doch von einer 50-Jährigen konnte man schlicht nicht verlangen, auf der Flucht vor Laserstrahlen durch einen Schwarzlicht-Parcours zu irren, beruhigte sie sich in Gedanken. Ihre kleine Flunkerei war also durchaus berechtigt gewesen. Zumal es den Zahnarzttermin tatsächlich gab, weshalb sie am Donnerstag das Firmengebäude wie angekündigt früher verließ.

Als sie am Freitag mit geschwollenem Zahnfleisch ihr Büro betrat, klebte eine Notiz von Tom auf ihrer Schreibtischplatte. „Komm sofort zu mir" hatte er geschrieben. Eva stockte vor Schreck der Atem! War ihre Lüge etwa nachträglich herausgekommen?

Aufs Schlimmste gefasst, machte sie sich auf den Weg. Doch zu ihrer Verwunderung strahlten sie die blauen Augen ihres Vorgesetzten beim Eintreten erfreut an. Und auch in Toms Stimme lag keine Spur von Ärger, als er sagte: „Nachdem du gestern früher gegangen warst, brach hier die Hölle aus. Bei einem Kunden ist unsere Software abgestürzt. Wir mussten die Probleme beheben und konnten deshalb nicht zum Lasertag. Um das Event zu retten, habe ich dort angerufen. Und stell dir vor: Sie hatten für heute tatsächlich noch freie Plätze! Ich habe umgebucht und nun kannst auch du mit dabei sein! Na, was sagst du jetzt?"

Erst einmal sagte Eva gar nichts. Denn der Schrecken hatte sie sprachlos gemacht. Dann stammelte sie etwas von „unverschämtem Glück" und floh mit weichen Knien aus dem Büro ihres Vorgesetzten - im klaren Bewusstsein darüber, dass es jetzt kein Entrinnen mehr gab ...

Einige Stunden später lief Eva mit einem Gefühl, als würde sie zum Schafott schreiten, hinter ihren Kollegen in die Schwarzlicht-Arena. Das Startsignal ertönte.

Sofort stoben alle um sie herum nach allen Seiten davon. Laserstrahlen zuckten durch die Dunkelheit. Noch bevor Eva einen klaren Gedanken fassen konnte, blitzte ein Leuchtknopf an ihrer Weste. Das bedeutete, ein Mitspieler des gegnerischen Teams hatte sie mit seinem Laserstrahl getroffen und sie war deshalb für einen kurzen Zeitraum deaktiviert.

Für ihre Mannschaft war das schlecht, weil die Gegner einen Punkt erzielt hatten. Für sie selbst war die Deaktivierung erst einmal ausgezeichnet, denn jetzt konnte sie sich in Ruhe ein Versteck suchen und dort ausharren, bis Runde eins von drei in wenigen Minuten zu Ende sein würde.

Eva huschte durch den Parcours. Rechts und links von ihr jagten Gestalten vorbei. Ob das Gegner oder eigene Teammitglieder waren, erkannte sie nicht. Es war dunkel, und sie hatte den dringend nötigen Termin für einen Sehtest immer wieder aufgeschoben. Wenigstens war auf ihre Augen noch im Hinblick auf größere, unbewegliche Objekte

Verlass. Erleichtert versteckte sie sich hinter einem wuchtigen Felsen aus Schaumstoff. Kaum war sie jedoch in der Hocke, da rief eine ihr unbekannte Stimme: „Leute, hier sitzt ein williges Opfer. Das können wir in aller Ruhe abschießen."

Ein williges Opfer? Okay, sie war vielleicht nicht mehr die Jüngste. Aber sicher kein Opfer und schon gar kein williges! So schnell sie ihre 50-jährigen Füße trugen, rannte Eva davon.

Als der Gong die Pause einläutete, war sie nicht nur völlig außer Atem, sondern auch äußerst demotiviert.

„Ich glaube, ich setze die nächste Runde aus", japste sie erschöpft.

Die Köpfe ihrer Kollegen fuhren herum.

„Damit verdirbst du dir den ganzen Spaß", rief Sven entgeistert.

„Mit meiner Beteiligung verderbe ich euch eher den Sieg", verdeutlichte Eva die Realität und wies auf die unerbittlich leuchtende Anzeigetafel. Weil sie so oft getroffen worden war, lag ihr Team weit abgeschlagen hinten.

Zu ihrer Verblüffung schien dies die anderen nicht zu stören.

„Für dein Alter schlägst du dich doch gar nicht schlecht", rief der zwanzigjährige Paul.

„Meine Mutter ist jünger als du und würde sich so etwas überhaupt nicht zutrauen", ergänzte Frederik und schlug ihr anerkennend auf die Schulter. In diesem Moment ertönte das Startsignal.

„Bleib diese Runde einfach an meiner Seite", rief Tom ihr zu. „Ich habe das schon mal gespielt und kann dir einige Kniffe zeigen." Bevor sie es sich versah, hatte er nach ihrer Hand gegriffen und zog sie in die Arena.

Auch im Dunkeln lockerte er den Griff nicht, der ihr – Eva gestand es sich widerwillig ein – alles andere als unangenehm war. Zusammen jagten sie durch die Gänge. Als sie beklommen gestand, aufgrund ihrer Augen nicht sicher zwischen Feind und Freund unterscheiden zu können, drückte er jedes Mal kurz ihre Hand, wenn gegnerische Spieler auftauchten. Und zu ihrer Überraschung landete sie tatsächlich einige Treffer.

„Wow! Du hast dich echt gesteigert", meinte Lukas in der nächsten Pause und sah zur Anzeigetafel, die hinter ihrem Namen nicht mehr ganz so vernichtend aussah.

„Trotzdem liegen wir noch hinten", erwiderte sie. „Wenn ich die letzte Runde aussetze, dann habt ihr noch Chancen auf den Sieg."

„Kommt überhaupt nicht infrage. Wir lassen niemanden zurück", stellte Sven entschieden klar. „Aber ich sage dir was: Da du uns im Büro immer den Rücken freihältst, nehmen wir dich hier in Schutz. Zwei von uns bleiben während der nächsten Runde immer in deiner Nähe."

Ein warmes Gefühl breitete sich in Eva aus. „Das ist wirklich total nett von euch", brachte sie gerührt hervor. Im selben Moment griff Tom wieder nach ihrer Hand. „Wenn du im Büro die Fäden nicht zusammenhalten würdest, wären wir schon lange im Chaos versunken", meinte er und umschloss ihre Finger fester. „Da werden wir dich hier doch nicht alleine im Dunkeln stehenlassen. Also los!"

Zu ihrer großen Überraschung macht ihr das Ganze nun tatsächlich Spaß. Sie genoss die Musik, die sportliche Betätigung und vor allem die Nähe zu Tom, der ihre Hand keine Sekunde losließ. Am Ende verloren sie knapp. Doch trotzdem verließ Eva in bester Stimmung an Toms Seite die Arena.

„Morgen habe ich sicherlich den Muskelkater meines Lebens. Vielleicht sollte ich endlich wieder mit Sport anfangen", meinte sie lachend, während sie über den Parkplatz zu ihren Autos schlenderten und der restlichen Truppe nachsahen, die soeben in einer Bar neben der Arena verschwunden waren.

„Ich gehe an den Wochenenden gerne wandern", meinte Tom und blieb stehen. „Eva, du bist mehr für mich als nur eine wertvolle Mitarbeiterin. Ich würde gerne auch privat Zeit mit dir verbringen, doch da gibt es … ein Problem."

Völlig überwältigt sah Eva ihn an. Tom erwiderte ihre Gefühle! Doch … er hatte recht.

„Viele Probleme lassen sich lösen. Aber die zehn Jahre Altersunterschied können wir wohl nicht wegdiskutieren", sprach sie resigniert die bittere Wahrheit aus.

Tom schnappte nach Luft. „Du denkst, dein Alter steht uns zwei im Weg?"

„Natürlich! Was denn sonst?", fragte Eva verwirrt.

„Dass ich dein Vorgesetzter bin", antwortete Tom. „Der Altersunterschied ist doch völlig irrelevant! Unser Arbeitsverhältnis hingegen …", er hob in einer hilflosen Geste die Hände. „Man könnte denken, ich würde die Situation ausnutzen. Man könnte denken, du würdest dich deshalb mit mir treffen, weil ich dein Chef bin. Man könnte sich fragen, was passiert, wenn es auf privater Basis nicht funktioniert."

„Man könnte auch aufhören, sich unnütze Fragen zu stellen", gab Eva zurück und griff nach seiner Hand, „und einfach das tun, was man von Herzen will."

„Und was wäre das denn?", fragte Tom leise.

„Das hier", murmelte Eva und küsste ihn.

Als sie sich voneinander lösten, meinte Tom lächelnd: „Ein Hoch auf deinen Mut."

„Das ist kein Mut", stellte Eva klar, „sondern die Erkenntnis einer 50-Jährigen, dass das Leben zu kurz ist für unsinnige Zweifel!"

„Dann ein Hoch auf deine 50 Jahre", sagte Tom und zog sie erneut in seine Arme.

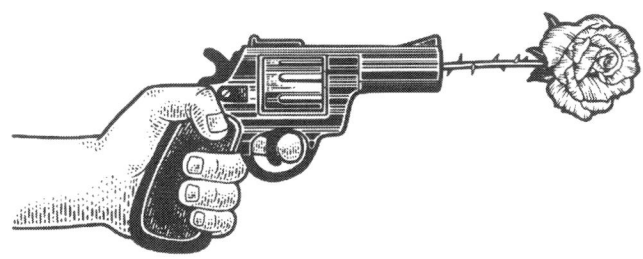

SCHÖNEN SONNTAG NOCH...
Sabine Maist

Es ist Sonntagmorgen. Der Duft nach Kaffee zieht durchs Haus und es riecht nach frischen Brötchen. Na ja, zugegebenermaßen nach frisch aufgebackenen Brötchen. Ich habe den Tisch gedeckt und die Katzen gefüttert. Und die Eier gekocht. Genau in dieser Reihenfolge. Schließlich sollen die Katzen auch ihr Sonntagsfrühstück bekommen.

Schade, dass es heute keine Zeitung gibt. Ausgerechnet am Sonntag, wenn man etwas mehr Zeit hätte, um gemeinsam und gemütlich frühstücken zu können.

Wo bleibt eigentlich meine Frau? Isabella hat mir zwar gestern Abend noch gesagt, dass sie länger schlafen möchte. Aber sooo lange? Es ist jetzt kurz nach neun, der Minutenzeiger bewegt sich bedrohlich weiter auf die drei zu ... Hatte sie von zehn Uhr gesprochen, als sie sich kurz nach Mitternacht ins Bett verabschiedete, während ich im Halbschlaf auf dem Sofa lag? Ich bin mir sicher, dass die charmanten und stets chic angezogenen Filmleute im Fernsehen sich just zur gleichen Zeit über das von ihnen gewünschte Frühstück unterhalten hatten. Jedenfalls, hatte ich das so mitbekommen. Vermutlich kam es von dort.

Ob ich sie wecken soll? Ich bejahe die mir selbst gestellte Frage mit einem leichten Kopfnicken. Fast lautlos schleiche ich mich in Richtung Schlafzimmer nach oben. Ich will sie ja nicht unsanft aus dem Land der Träume reißen, meine schöne Isabella. Einen Kuss werde ich ihr geben, ganz sacht auf die Lippen, während sie noch schlummert. Bestimmt wird sie davon erwachen und sich freuen, wenn ihr Blick auf mich fällt.

Ich horche an der Schlafzimmertür. Nichts ist zu hören. Nur der Wind pfeift ein wenig durch den Flur. Das Küchenfenster habe ich einen Spaltbreit geöffnet. Aha, daher weht also der Wind.

„Isabella?" Ich klopfe zögerlich an die Tür. Nichts geschieht.

„Isabella?" Diesmal spreche ich etwas lauter. Keine Reaktion aus dem Schlummerland.

Ich habe es ja gewusst. Sie wird noch tief und fest schlafen. Millimeterweise drücke ich die Klinke nach unten. Die Tür bewegt sich einen Spalt, noch einen, und noch einen … Oh! … Da sitzt sie! Isabella!

Meine Frau trägt noch ihr Nachtgewand und sitzt, nein sie thront vielmehr auf dem ehelichen Bett. Sie scheint mich gar nicht zu beachten. Ihre Sitzhaltung wirkt auf mich etwas ungewöhnlich: Ihre Beine hat sie verschränkt. Ihr rechter Fuß liegt auf dem linken Oberschenkel und der linke Fuß auf dem rechten. Sie hat sich ein Kopfkissen unter ihren Po gelegt. Ihren Oberkörper hält sie aufrecht, der Rücken ist gerade. Die Hände hat sie vor der Brust gefaltet. Wie entrückt starrt sie aus dem geöffneten Fenster.

„Warum starrst du mich so an?" Urplötzlich wendet sie ihren Kopf in meine Richtung.

„Äh, ja, ich …", stammele ich. „Ich dachte eigentlich, dass wir gemeinsam frühstücken könnten. Guten Morgen, mein Schatz", sage ich und hauche ihr einen Kuss zu.

„Du denkst zu viel, mein Lieber", entgegnet mir meine Angetraute und wirft noch ein knurriges „Morgen" hinterher, während sich ihre Füße aus der Umklammerung lösen.

„Du hast im Schneidersitz gesessen?", frage ich.

„Im Schneidersitz", äfft sie mich nach. „Nein natürlich nicht. Schneider sitzen im Schneidersitz. Ich aber habe mich bis eben im Lotossitz befunden."

„Im Lotussitz?"

„L-o-t-o-s-s-i-t-z", antwortet sie jetzt schon versöhnlicher. „Wie die Lotosblüte. Ich habe ja schon immer mal ein bisschen geübt." Nun lächelt sie. „Du hättest mich schon einige Male so sehen können, falls du mich wahrgenommen hättest."

Wahrnehmung ist ein gutes Stichwort. Ich nehme wahr, wie meine Frau ihr Nachtgewand nach unten gleiten lässt und in mir regt sich etwas. Isabella aber greift zu ihrem Bademantel. „Ich werde erst mal duschen gehen. Weißt du, mein Lieber, wir sollten viel mehr zu einer gesunden Lebensweise finden, wir beide. Besonders du in deinem Alter."

Ich zucke zusammen und denke unwillkürlich an meinen Blutdrucksenker, den ich heute noch nicht genommen habe.

„Eine Lebensweise, die Stress verringert und für Ausgeglichenheit sorgt", fährt sie fort, während sie sich den Bademantel überwirft.

Ich schöpfe noch einen Funken Hoffnung. „Sex?"

Sie fährt herum und schaut mich entgeistert an. „Eben nicht! Du denkst nur an das eine. Dabei warst du gestern Abend nicht einmal mehr in der Lage, deine Augen offenzuhalten. Ich kam mir beim Fernsehen ziemlich alleine vor."

Ach ja, richtig, das Fernsehen. Da ging es ziemlich heiß her. Aber mich hatte trotzdem die Müdigkeit übermannt.

„Es geht nicht nur um Sex. Es geht überhaupt nicht um Sex", belehrt mich Isabella und schlüpft in ihre Hauspantoffeln. „Ihr Männer habt immer nur Sex im Kopf!", schimpft sie.

Ihr Männer! Welche Männer meint sie? Habe ich was verpasst?

„Es geht vielmehr darum, den aktuellen Moment bewusst wahrzunehmen und zu erleben." Isabella sieht mich triumphierend an. „Im Hier und Jetzt zu sein. Das Prinzip der Achtsamkeit, verstehst du?"

Ich verstehe nichts.

„Hellwach gegenüber seiner Umwelt zu sein." Sie wirft mir einen besonders langen Blick zu. „Und seine Frau wahrzunehmen. Ihr Zuwendung zu schenken."

Was heißt das? Will sie neue Klamotten? Oder Schmuck?

„Aber ich nehme dich doch wahr", verteidige ich mich

kleinlaut.

„Ja klar, wenn du etwas von mir willst. Für dich bin ich doch nur das Objekt deiner Begierde, ein seelenloses Etwas. Es kann nicht bloß um deine Lust gehen", erklärt sie, während sie das Fenster schließt.

„Nein, Schatz, auch um deine."

Isabella betrachtet mich spöttisch, derweil sie sich geschmeidig der Schlafzimmertür nähert.

Oh, wie ich sie möchte … Aber ich belasse es bei einem Kuss auf ihre Wange, den sie auf meinen hungrigen Mund erwidert. Wie süß von ihr!

„Komm, lass uns nach unten gehen", sagt sie und ich folge ihr wie ein braves Hündchen. Im Erdgeschoss angekommen, wendet sie sich mir zu: „Weißt du, mein lieber Mann, wir sollten ab und zu mal innehalten und uns fragen: Wie geht es mir? Und wie geht es meinem Gegenüber?"

„Wie geht es dir?", frage ich sie.

Sie lächelt mich an. „Gut fühle ich mich. Jetzt, nachdem ich zu mir selbst gefunden habe. Ich habe das Erwachen am frühen Morgen bewusst erlebt."

Na ja, so früh konnte der Morgen gar nicht gewesen sein. Isabella hatte noch innig in ihrem Bettchen geschlummert, als ich mich nach unten schlich, um das Frühstück vorzubereiten.

„Und ich bin dankbar dafür."

Für das Frühstück?

„Ich sehne mich nach einem bewussteren Leben", erklärt sie mir. „Nach Ruhe und Klarheit. Erkenntnisgewinn und Gelassenheit. Entspannung und Erfüllung. Nach spiritueller Erfüllung natürlich", fügt sie noch hinzu. Wohl, um keine Missverständnisse bei mir in meiner Eigenschaft als Mann aufkommen zu lassen.

Ich verstehe gar nichts.

„Du verstehst mal wieder gar nichts", bedeutet sie mir. „Warum verstehen Männer immer eigentlich gar nichts?"

Welche Männer?

„Ja, und deshalb praktiziere ich von nun an regelmäßig Yoga. Weil ich dabei meditieren und mich entschleunigen kann. Und es mir guttut."

Sprach's und verschwand schleunigst im Bad. „Du kannst mir ja schon mal die Haferflocken vorbereiten", rief sie mir noch aus dem Bad heraus zu.

Haferflocken?

„Schatz, hast du gerade Haferflocken gesagt?"

„Jaaa …" klingt es aus dem Bad, nachdem eine Weile nur das Plätschern der Dusche zu hören war.

Haferflocken, ich glaub's ja nicht! Aber meinetwegen, wenn sie unbedingt welche essen will. Dann verspeise ich die Eier eben alleine. Ich krame im Vorratsschrank und hole ein neues Päckchen Haferflocken hervor, was sie erst kürzlich gekauft haben muss. Haferflocken ... Wie viel nimmt man von dem Zeug?

Im Bad plätschert es munter weiter. Unwillkürlich kommt mir in den Sinn, ob das Prinzip der Achtsamkeit auch Wasser und Strom einschließt. Aber ich verdränge die quälenden Gedanken wieder. Ich selbst dusche ja nur noch eine Minute mit kaltem Wasser, so wie es der Energieminister gerne hat. Das härtet ab und verscheucht unkeusche Gedanken.

Ich gieße Milch über die Haferflocken und frage mich, ob ich das notfalls auch hinunterschlucken könnte. In Krisenzeiten oder so. Vermutlich ja. Beim Militärdienst habe ich sogar Trockenkekse in mich hineingewürgt.

„Mein lieber Mann ...", schallt es aus dem Bad. Es plätschert immer noch. Warum nennt sie mich eigentlich nie bei meinem Vornamen? Nur „mein lieber ...", „Dicker" oder „Alter". Gut, Hans-Dieter ist vielleicht nicht gerade der Ohrenschmaus schlechthin. Aber sie könnte mich ja Hansi nennen, oder? Sie ist allerdings der Meinung, dass sie mich dann mit einem Wellensittich vergleichen würde. Aber schön, dann wären wir wenigstens mal auf einer gemeinsamen Wellenlänge.

„Ja?", gebe ich zurück. „Deine Haferflocken sind angerichtet und quellen vor sich hin."

„Schön", ruft sie. „Hast du sie auch in Hafermilch eingeweicht?"

„Ja, natürlich, Schatz."

Verdammt! Daran habe ich nicht gedacht.

Eilig schütte ich die Kuhmilch weg und hole den Haferdrink-Karton aus dem Kühlschrank. Ich hatte mich schon gefragt, ob das ein Fehlkauf gewesen war.

Wen der Hafer sticht … Komisch, sie hatte doch gestern noch keinen Appetit auf so etwas? Was ist nur über Nacht mit ihr passiert?

Das Plätschern der Dusche ist verstummt. Dafür summt nun der Föhn.

Ich greife zur Kaffeekanne und fülle unsere Tassen auf. „Isabella, möchtest du Hafermilch statt Kaffeesahne in deinen Kaffee?", rufe ich in das Bad hinein, um ihr zu signalisieren, dass ich ihre Bedürfnisse wahrnehme. Zucker geben wir schon lange nicht mehr in den Kaffee. Zu süß!

„Neeeiiin! Wie kommst du darauf? Ich trinke gar keinen Kaffee!" Isabellas Stimme hört sich an, als ob sie noch nie in ihrem Leben Kaffee getrunken hätte. „Höchstens ein Glas Orangensaft. Für die Straffung meiner Haut!"

Dass Orangensaft die Haut strafft, war mir noch nicht in den Sinn gekommen. Auf Orangenhaut durfte ich meine Frau nicht ansprechen – und jetzt das! Also soll es Orangensaft sein.

Aus dem Bad ertönen schon eine ganze Weile keine Geräusche mehr. Anscheinend betrachtet sich Isabella in dem großen Wandspiegel.

Da! Die Tür geht auf! Isabella – immer noch in ihrem Bademantel – kommt aus dem Bad geschwebt, breitet ihre Arme aus und dreht sich einmal um ihre eigene Achse.

„Ach, ich fühle mich so erfrischt, wie neu geboren!", ruft sie und klatscht in ihre Hände.

„Das freut mich für dich", sage ich und beginne meinen Kaffee zu schlürfen.

„Hallo, schlürfe nicht so! Das hört sich ja an wie bei einem alten Mann."

„Vielleicht bin ich ja alt, ohne Sex", entgegne ich und beiße herzhaft in mein Brötchen.

Isabella schien meine Anspielung überhört zu haben. Sie setzt sich zu mir an den Küchentisch und blickt mich bedauernd an. „Weißt du, mein Lieber", sagt sie, „du solltest wieder Kontrolle über dein Leben erlangen. Etwas tun, woraus du Kraft schöpfen kannst. Und nicht nur deinen primitiven Trieben folgen."

„Ich schöpfe Kraft aus meinem Frühstück", spreche ich mit vollem Mund. „Das solltest du übrigens auch tun."

Isabellas Blick wandert zu der Schüssel mit den Haferflocken, die vergnügt vor sich hin quellen. Ein riesiger Berg Haferflocken, den ich da hineingetan habe.

„Du meinst es wohl gut mit mir?", fragt sie mich und sieht mich scharf an. Typische Frauenfangfrage, registriere ich routiniert und köpfe zielsicher mein Ei.

„Haferflocken sind gesund, das weiß ich", fährt sie fort, ohne eine Antwort von mir abzuwarten. „Aber so viel? Du möchtest sicher nicht, dass ich abnehme?"

Ich brumme etwas Unverständliches, während ich mit meinem Ei kämpfe. Abnehmen? Warum denn das? Eine neue Marotte von ihr? Im Vergleich zu mir ist sie doch noch gertenschlank.

Treffer! „Du könntest auch mal ein bisschen abnehmen. Wann hast du dich eigentlich das letzte Mal auf die Waage gestellt? Schau dich mal im Spiegel an, wie dein Bauch aus der Hose quillt. Richtig unangenehm ist das."

Aha. Ich komme mir vor wie bei einer Musterung. Könnte mein Bauchansatz der Grund dafür sein, dass sie mir in sexueller Hinsicht neuerdings eine Diät auferlegt hat?

„Ich werde ein Intervallfasten beginnen", erklärt sie mir und stochert ein wenig in den Haferflocken herum.

Intervallfasten? Ich setze ein erstauntes Gesicht auf. „Du musst doch nicht fasten!"

„Muss ich nicht", betont sie, „aber ich will! Für dich wäre das übrigens auch keine schlechte Sache."

„Und was bedeutet Intervallfasten?", will ich wissen, während ich mir intervallweise den Eierlöffel zum Mund führe.

„Das heißt", setzt Isabella an und probiert etwas von dem Haferschleim, „das heißt, für einige Stunden oder auch ein paar Tage lang nichts zu essen. Nur Flüssigkeit ist erlaubt: Wasser und ungesüßter Tee." Sie lächelt versonnen und nippt an ihrem Orangensaft. Ich ziehe die Augenbrauen hoch und gönne mir einen kräftigen Schluck Kaffee.

„Da musst du gar nicht so tun, mein lieber Herr", weist sie mich zurecht. „So viel Kaffee, wie du in dich hineinschüttest. Das ist für deinen Blutdruck nicht sehr förderlich."

Der Blutdrucksenker! Ich habe ihn vergessen.

„Ich bevorzuge die 16:8-Methode. Das bedeutet, ich werde nach meinem gesunden Frühstück 16 Stunden fasten. Und in den acht Stunden danach darf ich etwas verzehren. Also um zwei Uhr nachts. Ich werde mir den Wecker zu dieser

Zeit einstellen."

Na prima. Mittagessen, Abendbrot und Nachtruhe ade!

„Und deshalb auch im Wohnzimmer nächtigen."

Super. Es wird ja immer grotesker! Krachend beiße ich ins nächste Brötchen und schlage meinem zweiten Ei aus purer Verzweiflung den Kopf ab. Achtsamkeit, Yoga, Haferflocken und Intervallfasten. Und jetzt auch noch getrennte Schlafzimmer und nächtliche Fressorgien meiner Frau – wie soll ein Mann das bloß aushalten?

„Und wie lange willst du das durchhalten?", frage ich Isabella mit belegter Stimme.

„Es geht nicht ums Durchhalten, es geht ums Genießen", erklärt sie mir. Ihre Schüssel mit den Haferflocken ist noch halb voll.

„Und ums Einswerden mit sich selbst", sagt sie. „Um das Verschmelzen von Körper, Geist und Seele."

Ich stoße einen Seufzer aus.

„Es soll ja nicht für immer sein", versucht sie zu beschwichtigen. „Aber ich möchte zu einer neuen Lebensweise gelangen. Meine Kollegin Franziska hat mich überzeugt, wie wichtig es ist, ganzheitlich zu leben: mit Ayurveda …"

Die Kollegin. Ayurveda.

„Da geht es nicht darum, viel zu essen. Sondern sich

möglichst ausgewogen und gesund zu ernähren. Und Störungen zu beseitigen. Die Verdauung ist nämlich beim Essen ebenso wichtig ."

Die Verdauung, ja. Ich greife zu meinem dritten Ei. Ayur-was?

„Und die Störung bin ich?", sinniere ich laut.

„Nein natürlich nicht." Mitfühlend legt Isabella eine Hand auf meinen Arm. Mit der anderen Hand schaufelt sie sich Haferflocken in ihren zuckersüßen Mund.

„Aber …", sie zögert ein bisschen.

„Ja?"

„Ja, du musst verstehen, dass auch der Austausch mit anderen und das Zusammengehörigkeitsgefühl wichtig für mich sind. Ich meine, ich habe mich in der letzten Woche bei einer Ayurveda-Gruppe angemeldet. Die trifft sich einmal in der Woche."

„Meinetwegen", brumme ich. Da kann ich in der Zeit ungestört mein Bier trinken.

„Ja?", freut sich Isabella. „Dann hast du sicher auch nichts dagegen, wenn sich die Gruppe von Zeit zu Zeit bei uns trifft? Ich würde ayurvedisch kochen lernen. Du solltest es ruhig auch mal probieren. Und du kannst sie dann alle kennenlernen, meine Freundinnen und Freunde."

Die Freunde! Wusste ich es doch.

„Ja, also …"

„Das ist schön. Wie tolerant du bist! Und weißt du, ich habe auch schon darüber nachgedacht, wie wir ein zweites Bad in unser Haus einbauen könnten. Damit wir vom Schlafzimmer aus nicht immer nach unten gehen müssen. Wir müssten nur das Dach ein Stück versetzen. Und das Bad hier unten wird zum Gästebad. Mit Whirlpool und so. Wir könnten dann in der Gruppe beim Baden unsere gesunden Speisen und Getränke zu uns nehmen. So wie Gott uns erschuf! Und alle lernen sich beim Baden noch viel besser kennen."

Nackig? In der Badewanne? Fast hätte ich mich verschluckt. Der Kaffee tropft mir auf die Hose.

„Das Dach anheben? Aber Isabella, wie stellst du dir das vor?"

„Ach, mach dir keine Gedanken. Lass das mal meine Sorge sein. Ich habe schon einen Architekten beauftragt. Der ist ebenfalls aus der Ayurveda-Gruppe."

Ich bin sprachlos. Achtsamkeit, Yoga, Haferflocken, Intervallfasten, Ayurveda und ein Bad. Was kommt denn als Nächstes?

„So, nun muss ich aber nach draußen, auf die Liegewiese. Dort werde ich ein gutes Buch lesen und etwas Yoga betreiben. Die Haferflocken esse ich später weiter. Du darfst gern davon naschen."

Isabella drückt mir einen flüchtigen Kuss auf die Lippen und begibt sich in die freie Natur.

Ich will ihr noch nachrufen: Im Bademantel? Aber sie ist schon weg. Ich bleibe mit dem schmutzigen Geschirr, den Essensresten sowie einem schlechten Gewissen zurück. Vielleicht bin ich der Hans-Dieter Miesepeter? Der Mann, der die Isabella nicht versteht?

Während ich den Tisch abräume, nehme ich mir vor, aufgeschlossener zu werden – für die Belange meiner Mitmenschen und besonders für die Bedürfnisse meiner Frau. Für mehr Achtsamkeit und den Gleichklang von Körper, Geist und Seele.

Nach dem Frühstück surfe ich im Internet. Ich will alles herausfinden, was das Netz aufzuweisen hat: von Achtsamkeit bis Yoga, über Haferflocken und Intervallfasten hin zur ayurvedischen Lebensweise. Außerdem interessiert mich, wie man ein neues Bad unterm Dach einbaut. Und wie teuer es werden wird. Für meine Teuerste ist mir kein Geld zu viel

Ich informiere mich und will ihr nacheifern. Nach zwei Stunden kann ich immerhin schon den halben Lotossitz: einen Fuß auf dem benachbarten Oberschenkel und den zweiten Fuß unter dem anderen Oberschenkel. Den wahren Lotossitz schaffe ich auch noch. Wie die Lotosblüte.

Das Mittagessen lasse ich ausfallen - solidarisch wie ich bin. Ich koche mir nur einen Ingwertee und serviere auch Isabella einen. Soll gegen Kopfschmerzen, schmerzende Muskeln und Gelenke helfen. Meine Frau hat es sich inzwischen in einem Liegestuhl bequem gemacht. Sie schaut mich so komisch an. Was hat sie nur? Jetzt, wo ich auf dem Pfad der Tugend angekommen bin.

Mein zunehmendes Hungergefühl versuche ich männlich entschlossen mit Autogenem Training zu bekämpfen. Das wird meinen holden Schatz beeindrucken, da kann ich meiner Liebsten noch was beibringen. Mein rechter Arm wird schwer, er ist ganz schwer ...

Draußen wird es langsam dämmrig. Ich nehme achtsam wahr, wie sich das Gesicht meines Lieblings stetig verfinstert. Das kann nicht nur an der Dämmerung liegen, schießt es mir durch den Kopf. Was ist mit Isabella?

Heimlich taste ich mich an den Kühlschrank heran. Normalerweise würde ich jetzt meine erste Flasche Bier öffnen, und es würde nicht die letzte sein. Das fällt heute aus! Mein Blick streift die Schmorwürste, die es zu Mittag gegeben hätte, wenn nicht ... -

„Hans-Dieter!"

Hans-Dieter? Das bin ich! Ich zucke zusammen und bemerke zugleich eine Hand auf meinem Hintern. Eine weiche Hand. Isabellas Hand!

„Komm, mein Hübscher, lass es uns gut gehen." Isabellas Stimme klingt seltsam rauchig.

„Aber wolltest du nicht ...?"

„Unsinn! Ich habe etwas Neues entdeckt: Tantra. Das ist auch ein Weg der Achtsamkeit", flüstert sie mir verführerisch ins Ohr. „Aber ein erotischer. Voller Sinnlichkeit und Leidenschaft." Sie küsst meinen Nacken und lacht aufreizend dazu.

„So ist das also."

„Ja, und danach können wir gerne die Schmorwürste verspeisen. Aber jetzt verspeise ich erstmal dich. Ich hab' dich schon viel zu lange schmoren lassen, mein Liebster."

Wo sie recht hat, hat sie definitiv recht.

Nichts lieber als das. Schönen Sonntag noch …

COCO UND DER DUNKLE HANDSCHUH
Ulrike Wenger

Seufzend schaltete Anja ihren Laptop an. Vor ihr auf dem Fußboden türmten sich stapelweise Quittungen aus dem letzten Jahr. Anja liebte Struktur und Ordnung. Deshalb hatte sie alle Belege säuberlich auf dem Fußboden vorsortiert, bevor sie sich nun in das Steuerprogramm einloggen würde. Ein Papierhäufchen für Portokosten, eins für Fahrtkosten und einen Stapel für Büromaterialien. Dazu noch mehrere Berge für die Ablage wie Schriftverkehr, Rechnungen und Vordrucke. Die Vorarbeiten hatten fast den ganzen Vormittag gedauert, aber nun lag alles ordentlich ausgebreitet vor ihr. Sie atmete tief durch.

Sylvia Stein, Anjas ältere Nachbarin aus der Wohnung nebenan hatte es sich gerade in ihrer Küche gemütlich gemacht und nahm ein spätes zweites Frühstück zu sich. Neben dem obligatorischen Sonntagsbrötchen mit Marmelade und einem Becher Ingwertee, den sie jeden Tag um diese Zeit trank, lag vor ihr auf dem Küchentisch das lokale Käseblättchen mit den Anzeigenseiten. Während sie gedankenverloren in ihrem Becher rührte, dachte sie, wie schwer es ihr gerade fiel, täglich mehrmals die Treppen hinunterzusteigen, um die Bedürfnisse ihres kleinen Mischlinghundes Coco zu erfüllen. Es reichte ihr schon, dass sie sich jetzt häufiger ohne den Hund auf den beschwerlichen Weg zum Arzt machen musste. Coco nahm ihr ihre Abwesenheit mehr und mehr übel. Ein Hundesitter musste her und sie hoffte, ihn über eine Anzeige zu finden. Aber für den heutigen Arztbesuch würde sie eine andere Lösung finden müssen.

Während Anja sich mit einer Tasse Kaffee für die bevorstehende Computerarbeit stärkte, hörte sie die Klingel. Verstimmt über die Ablenkung öffnete sie. Ihre Nachbarin Frau Stein stand mit ihrem Hund Coco vor der Tür. Sie hatte einen Napf und eine kleine Tüte Hundefutter in der Hand. Misstrauisch auf den Hund blickend, begrüßte Anja die ältere Dame.

„Hallo Frau Hirsing", grüßte diese zurück. „Ich wollte Sie fragen, ob Sie mir einen großen Gefallen tun könnten. Ich habe heute einen Arzttermin und weiß nicht genau, wie lange er dauern wird. Coco braucht seine regelmäßigen Mahlzeiten. Ob Sie ihn vielleicht ein paar Stunden zu sich nehmen könnten? Ich habe sein Essen direkt mitgebracht."
Das war nun das Letzte, was Anja brauchen konnte. Ein Hund würde ihren ganzen Tagesablauf durcheinanderbringen. Und raus musste dieser Vierbeiner ja bestimmt auch mal. Obwohl dieser Hund nicht so aussah, als würde er viel Auslauf kriegen oder brauchen. Treue Hundeaugen blickten direkt in ihre, als warte Coco gespannt darauf, wie ihre Antwort ausfiel.

„Ja, na klar. Das kann ich machen. Es wird ja nicht allzu lange dauern. Heute Abend bin ich nämlich verabredet."

„Bis dahin bin ich längst wieder zurück." Sylvia Stein wandte sich zum Gehen. „Vielen Dank für Ihre Hilfe. Coco bleibt nämlich nicht gern allein."

Nicht gern allein! Wer war schon gern allein. Das konnte man sich nicht immer aussuchen! Was hatte sie sich da nur aufgehalst? Sie stellte den Wassernapf in die Küche und war gerade auf dem Weg zu ihren Unterlagen, da flitzte Coco ihr hinterher und sprengte dabei die ersten zwei Stapel mit Quittungen. Papiere stoben durch die Luft. Anja kreischte. In seinem Maul hatte Coco einen kleinen Gummihamster, der in seiner Spielzeugtasche gewesen war, die Frau Stein ebenfalls bei Anja gelassen hatte.

„Bilde dir bloß nicht ein, dass ich jetzt mit dir spiele", sagte Anja streng zu Coco. Ich habe zu tun. „Und du machst schön hier Platz."

Bei der Vorstellung, dass Coco überall seine lockigen, hellbraunen Haare verteilen würde, wurde ihr ganz anders. Das würde ihre Ordnungsliebe auf eine harte Probe stellen. Sie liebte es, wenn die Dinge abends an ihren Platz zurückfanden, an dem sie morgens den Tag begonnen hatten. Küche, Schlafzimmer und Wohnzimmer sahen bei ihr immer aus, wie direkt aus einer Wohnzeitschrift entnommen: gut gestylt, sauber und ordentlich. Leider hatte sie in letzter Zeit häufiger Spinnen gesichtet, die wohl während des Lüftens über den Balkon herein krabbelten oder irgendwo in den Tiefen ihrer Rohre aufwuchsen.

Neulich hatte sie ein grässlich großes Exemplar entdeckt, bei dem sich ihre Nackenhaare gesträubt hatten. Zuerst hatte sie gedacht, auf ihrer Sofalehne hätte jemand einen schwarzen Kinderhandschuh vergessen. Schlaff und mit langen plüschigen Fingern lag er auf ihrem Sofa. Als sie dann aber ihre Brille aufgesetzt und nähergetreten war, traf sie der Schock völlig unvorbereitet: Eine Riesenspinne hatte es sich dort gemütlich gemacht und ruhte sich offensichtlich auf dem Möbelstück aus. Beherzt hatte Anja ihr leeres Weinglas genommen, über das Monster gestülpt und mitsamt der Spinne auf den Sitz hinuntergeschoben. Sie brauchte ein Stück Pappe, mit deren Hilfe sie das Glas

verschließen und das Krabbeltier auf den Balkon beför-
dern konnte. Als sie aus ihrem Schlafzimmer mit einer
Postkarte zurückkam, lag das Glas seitlich gekippt auf dem
Sofa und die Spinne war weg. Bis heute war dieses Biest
nicht wieder aufgetaucht. Allein wenn Anja nur daran
dachte, dass das Tier noch in der Wohnung herumkroch,
bekam sie eine Gänsehaut. Seit diesem Tag schlief und
träumte sie schlecht. In jedem zweiten Traum trat die
Spinne als fürchterlicher Rächer auf, der sich für die kurze
Gefangenschaft im Weinglas bitterlich revanchierte.

Zwei Stunden später war Anja mit ihrer Steuererklärung
fertig. Sie schaute auf die Uhr. Eigentlich müsste Frau Stein
gleich wiederkommen, dachte sie gerade, als das Telefon
klingelte. Eine zittrige Stimme meldete sich.

„Frau Hirsing, hier ist Frau Stein. Es ist..., der Herr
Doktor hat gesagt, dass er mein Herz beobachten muss. Er
hat mich für eine Nacht ins Krankenhaus überwiesen. Ich
liege jetzt hier in Altona und darf erst morgen früh wieder
gehen."

„Ach du liebe Zeit, Frau Stein, was machen Sie denn für
Sachen? Soll ich Ihnen etwas bringen?"

„Nein, für eine Nacht geht das schon. Eine Zahnbürste hat
man mir hier gegeben. Aber kann Coco vielleicht bis morgen bei Ihnen bleiben? Er ist auch bestimmt ganz artig."

Anja verdrehte die Augen. Über Nacht bleiben, das bedeutete noch mehr Gassi gehen, füttern und womöglich noch
eine nervige Beschäftigungstherapie mit dem kleinen
Störenfried. Anja hatte nichts gegen Haustiere, wenn sie
bei anderen Menschen wohnten. Sie selbst hielt nichts vom

Glück auf vier Pfoten. Aber das war ein klarer Notfall. Da konnte sie schlecht Nein sagen.

„Natürlich, Frau Stein, machen Sie sich keine Sorgen. Ich passe auf Coco auf."

„Können Sie bitte noch etwas Leberpastete für ihn kaufen? Ich gebe Ihnen das Geld morgen wieder. Ohne die kann er nicht gut einschlafen."

Nach ein paar weiteren Instruktionen verabschiedete sich die ältere Dame und Anja machte mit Coco einen kleinen Spaziergang. Die Nachmittagssonne schien und es war ein kühler, aber schöner Tag. Verwundert stellte Anja fest, dass offenbar ein herrlicher Sonntag nur wegen der Steuererklärung an ihr vorübergegangen war. Mit einem Hund kann einem das nicht passieren, dachte sie. Da musste man raus. Allerdings auch bei Regen und Sturm.

Gegen Abend zog Anja ihren schicken Hosenanzug an. Heute war sie mit ihren Freundinnen zum Essen verabredet. Sie hatte Inga und Stefanie in einem Yogakurs 50+ kennengelernt. Alle drei hatten sich schnell darauf geeinigt, dass das Lösen der Knoten leichter funktionierte, wenn man sich vorher zu einem kleinen Sektfrühstück traf. Auch nach Ende des Kurses hatten sie diese Tradition beibehalten – nur eben ohne Yoga. Seitdem trafen sie sich regelmäßig monatlich zum Essen. Anja legte noch schnell etwas Lidstrich und Lippenstift auf, packte ihr Geld in die Handtasche und nahm ihre Jacke vom Haken. Schon saß Coco neben ihr und schaute sie erwartungsvoll an.

„Denk nicht einmal dran! Wir waren gerade draußen. Du bleibst hier", sie schloss die Haustür auf und wollte gerade gehen, als Coco anfing, laut zu winseln.

„Schscht. Platz. Körbchen. Irgendwohin. Ich kann dich nicht mitnehmen".

Doch so leicht ließ sich der Hund nicht abschütteln. Er winselte noch lauter und kläffte empört. Ein Stockwerk über ihr öffnete sich eine Tür und ihr griesgrämiger Nachbar Herr Bertram warf einen finsteren Blick herunter. „Quälen Sie jetzt auch noch den Hund von Frau Stein? Bei ihr ist er immer ruhiger!", blaffte er und warf seine Tür geräuschvoll zu. Nun dämmerte Anja, was Frau Stein damit gemeint hatte, dass Coco nicht gern allein blieb. Mit seiner kleinen Pfote kratzte er an ihrem Hosenbein und blickte so jämmerlich drein, dass sie grollend ihre Jacke und die Schuhe wieder auszog. Sie schaute das Tier strafend an und informierte ihre Freundinnen, dass sie heute nicht dabei sein konnte.

„Sorry, ich muss heute den Hundesitter spielen."

Am nächsten Tag erschien Anja zur Verwunderung ihrer Kollegen mit einer größeren Tasche im Büro.

„Ich gehe nachher noch zum Sport", erklärte sie die überdimensionale Tasche. Und weil Coco darin so langsam unruhig wurde, schlenkerte Anja die Tasche etwas hin und her, damit keiner die selbsttätige Bewegung im Inneren der Tasche bemerkte.

„Seit wann das denn?", erwiderte ihr Kollege Rainer. „Du bist doch sonst nicht so für Sport zu haben".

„Na, dann hat sich das eben geändert", erwiderte Anja schnippisch „Heute Mittag geht es ins Fitness Studio".

Sie schwang die Reisetasche unter ihren Schreibtisch. Ein leises Winseln war zu hören. Anja hustete laut, um es zu übertönen. In der Mittagspause schnappte sie sich ihre Sporttasche und lief in die nahegelegene Grünanlage. Dort ließ sie Coco laufen, bis es Zeit war, ihn wieder in die Tasche zu verfrachten und ins Büro zurückzukehren. Auch im Laufe des Nachmittags machte sie immer etwas mehr Krach als nötig, um Cocos Protestgeräusche zu übertönen. Wann immer sie das Gefühl hatte, dass Coco in seiner Sporttasche eine Streicheleinheit bräuchte, ließ sie Briefumschläge, Handy, Tacker oder weiteres Schreibtischequipment fallen, um sich unauffällig unter den Tisch zu beugen und ihn zu beruhigen.

„Der Sport scheint dich etwas ausgelaugt zu haben. Hast du keine Kraft mehr in den Fingern, dass dir heute alles auf den Boden fällt?", stichelte Martin in ihre Richtung. Aber Anja ging nicht weiter auf ihn ein.

So früh es ging, machte sie Feierabend und ließ den Vierbeiner das letzte Stück zu ihrer Wohnung neben sich herlaufen. Anja genoss den unerwarteten Spaziergang. Ansonsten nahm sie immer Bus und Bahn, um so schnell wie möglich nach Hause auf ihr Sofa zu kommen. Coco folgte ihr artig durch die Hauseingangstür die Treppe hinauf, wo Anja bei Frau Stein klingelte. Als niemand öffnete, ging sie mit Coco in ihre Wohnung. Gleich hüpfte er auf das Sofa und schaute erwartungsvoll in Richtung Fernseher. Zweifellos erwartete er eine Wiederholung des gemütlichen Abends von gestern.

„Denk jetzt nicht, dass ich mir 1001 Dalmatiner mit dir anschaue", sagte Anja zu Coco und ließ sich mit einer Tüte Chips neben ihm auf das Sofa plumpsen. Coco würde auch heute nicht abgeholt werden. Frau Stein hatte eine kurze Nachricht geschickt, dass sie noch zwei weitere Tage für weitere Untersuchungen im Krankenhaus bleiben solle.

Während Anja durch das Abendprogramm zappte, nahm sie aus den Augenwinkeln wahr, dass sich in der Wohnzimmerecke etwas Dunkles bewegte. Es war die Riesenspinne, die, vielleicht vom Duft der Chips angelockt, langsam in Richtung Sofa kroch.

„IIIIhh!!", kreischte Anja. „Coco fass!"

Coco begriff sofort, was von ihm gewünscht wurde. Mit vier großen Sprüngen war er bei dem haarigen Eindringling und fraß ihn mit einem Happs auf. Dann sah er Anja beifallheischend an.

„Braver Coco. So ein tapferer Hund! Nein, wie klug und nützlich du doch bist. Guck mal dort am Fenster ist noch eine Spinne für dich. Fressi!"

Sie hob Coco hoch und er stupste sofort mit seiner nassen Nase in das kleine Spinnennetz in der Fensterecke. Sofort kam das Spinnentier herbei – ein Happs und auch sie teilte das Schicksal ihrer großen Schwester. Anja schaute Coco bewundernd an. Sie umarmte den kleinen Spinnenfresser und belohnte ihn mit einer Extra-Portion Leberpastete.

„Coco, ich glaube, ich werde dich adoptieren. Du bist doch der beste Spinnenjäger der Welt!"

In der Nacht durfte Coco sogar auf einer kleinen Decke vor dem Bett liegen und Anja schlief das erste Mal seit längerer Zeit tief und ohne Spinnenträume.
Zwei Tage später stand Sylvia Stein vor der Tür. Die Untersuchungen im Krankenhaus hatten leichte Rhythmusstörungen am Herzen gezeigt, die nun aber medikamentös eingestellt waren. Coco begrüßte sie freudig.

„Ich hoffe, ich habe Ihnen nicht zu viel zugemutet, Frau Hirsing. Ich werde jetzt über eine Anzeige jemanden suchen, der mir Coco hin und wieder abnimmt, wenn es mir zu viel wird."

„Anzeige? Auf gar keinen Fall, Frau Stein. Wer so gut Spinnen fressen kann, ist bei mir immer willkommen. Und ein paar Gassigänge können auch mir nicht schaden. Sie haben Ihren Hundesitter gerade im Moment gefunden!"

VIELE RÄTSEL, EINE LÖSUNG
Manuela Paul

„Ich dachte immer, alte Leute werden früh müde. Was stimmt mit euch nicht?", stöhnte Lea.

„Es ist wirklich die helle Freude, diesen Samstagabend zusammen mit meinen geliebten Kindern zu begehen", erklärte Caro ihrer fünfzehnjährigen Tochter.

„Lieben heißt auch loslassen", mischte sich nun auch noch Moritz, Leas zwei Jahre älterer Bruder, ein. „Würdest du diese Weisheit befolgen, dann wären wir jetzt bei Jörns Party!"

„Herrje! Es ist doch wohl nicht zu viel verlangt, uns bei Tante Friedas Umzug zur Hand zu gehen", explodierte Caros Ehemann Thomas neben ihr.

„Wir haben den ganzen Tag Kisten geschleppt! Jetzt müssen wir uns erst mal von dem Stress erholen", gab Moritz zurück. „Wir sagen ja nicht, dass ihr Tante Friedas Gulasch nicht essen dürft. Wir sagen nur, dass es uns noch zeitlich zur Party reicht, wenn ihr uns endlich gehen lasst. Jetzt sind wir schon mal in der Stadt und dürfen wieder nicht los! Das ist echt nicht cool!"

In diesem Moment kam Frieda zurück ins Wohnzimmer. Die 81-Jährige hatte einen Weltkrieg und drei Ehemänner überlebt und bislang auf einer ostfriesischen Insel gewohnt. Um im Alter näher bei ihren Angehörigen zu sein, war sie nun in eine kleine Stadtwohnung gezogen, die eine halbe Autostunde von dem Reihenhaus entfernt lag, in dem Caro zusammen mit ihrem Mann Thomas und den zwei Teenagern lebte.

„Also von mir aus dürfen sich die Kinder mit ihren Freunden treffen", sagte die alte Frau und ahnte nicht, was sie mit dieser nett gemeinten Bemerkung anrichtete.

„Seht ihr", rief Moritz triumphierend und schlüpfte bereits in seine Jacke.

„Du bist die Beste", meinte Lea, woraufhin sich Friedas Wangen mit einem zarten Rosa überzogen.

„Die Jugend will sich doch mit ihresgleichen treffen", sagte sie lächelnd.

„Und nach dem Treffen muss die Jugend mitten der Nacht abgeholt und nach Hause gefahren werden", stellte Thomas fest.

„Moritz und ich können nichts dafür, dass wir in einem kleinen Nest außerhalb wohnen", warf Lea ein. „Es wäre deshalb total unfair, wenn unser Sozialleben darunter leiden würde." Sie sah auf ihr Handy und erklärte: „Ihr könnt uns um zwei Uhr abholen."

„Um Mitternacht", riefen Caro und Thomas wie aus einem Mund.

„Dann können wir ja auch gleich hierbleiben", murrte Moritz, erkannte jedoch offensichtlich die drohende Gefahr, als Thomas zu einer Entgegnung ansetzte und bot rasch an: „Also sagen wir ein Uhr."

Thomas blickte Caro fragend an. Diese zuckte ergeben mit den Schultern. Nach einem Tag Kistenschleppen war sie müde und erschöpft und wollte nur eines: ins Bett!

Doch nachdem Frieda ihnen in den Rücken gefallen war, war dies nicht mehr möglich. Denn beide Teenager waren bereits in die Jacken geschlüpft und standen startklar in der Wohnzimmertür. Den Partybesuch jetzt noch zu verbieten, würde eine Diskussion auslösen, für die Caro schlicht und einfach keine Energie mehr hatte und die sie auch der alten Tante ersparen wollte.

Also würden Thomas und sie einen weiteren Samstagabend damit verbringen, einander vom Einschlafen abzuhalten, um dann mitten in der Nacht in die Stadt zu fahren und ihre Kinder abzuholen. So hatte sie sich, überlegte Caro frustriert, die Wochenenden mit Anfang 50 nicht vorgestellt.

„Also dann bis nachher", rief Lea und griff nach der Türklinke, doch Frieda hob die Hand und sagte: „Moment. Ich habe noch ein kleines Dankeschön für eure Hilfe."

Sofort blieben beide Teenager stehen und blickten die alte Dame erwartungsvoll an. Denn Frieda war nicht nur rüstig, sondern auch wohlhabend.

„Das Helfen war doch selbstverständlich. Wir lassen uns dafür nicht bezahlen", meinte Thomas, was ihm eisige Blicke des Nachwuchses eintrug.

Frieda hingegen lachte. „Keine Sorge, mein Lieber, in dem Umschlag steckt kein Geld, sondern Spaß für uns alle. Eine gute Bekannte hat mich auf eine wirklich ausgefallene Idee gebracht!"

Bei diesen Worten beschleunigte sich Caros Puls. Seitdem Frieda vor zwei Jahren spontan für einige Wochen nach Spanien gereist war, und zwar ohne jemanden darüber zu informieren, war die Familie etwas dünnhäutig, was die Einfälle der alten Dame betraf.

Mit einem flauen Gefühl im Bauch öffnete sie den Umschlag, den Frieda ihr überreichte und zog einen Zettel hervor. Er zeigte ein leeres Wohnzimmer.

Strahlend erklärte die Seniorin: „Ich habe einen sogenannten Escape Room gebucht. Wir werden zusammen in einem Zimmer eingeschlossen und müssen dort verschiedene Rätsel lösen. Schaffen wir alles vor Ablauf der vorgegebenen Zeit, dann öffnet sich die Tür und wir haben gewonnen. Das wird ein Riesenspaß. Ich kann nächsten Sonntag kaum erwarten!"

„Nächsten Sonntag ist das?", rief Lea. „Ich schreibe am Montag Mathe und muss mich vorbereiten! Deshalb kann ich leider nicht dabei sein." Die Fünfzehnjährige war sichtlich um einen bedauernden Gesichtsausdruck bemüht.

„Ich kann auch nicht", schaltete sich Moritz hastig ein. „Ich muss Lea beim Lernen helfen."

Die Augenbrauen seiner Schwester schossen in die Höhe. Außer Frieda wussten alle in der Familie, dass Moritz noch nie auf die Idee gekommen war, Lea in ihren Klausurvorbereitungen zu unterstützen.

Deshalb war auch nur die alte Dame gerührt von seinem Angebot.

„Das ist wahre Hilfsbereitschaft", sagte sie warmherzig. „Doch auf den Spielspaß müsst ihr nicht verzichten. Ich habe ihn nämlich für den frühen Vormittag gebucht. So bleibt euch danach noch genug Zeit zum Lernen! Ist das nicht toll?"

Eine Woche später stand Caro vor einer Studentin, die die Geschichte einer verschwundenen Seniorin erzählte. Das Ziel des Spieles wäre es, erklärte die junge Frau, den Verbleib der Dame zu ermitteln.

„Wie passend, dass ausgerechnet eine alte Frau weg ist", freute sich Frieda.

„Wenn das in der Realität nur auch geschehen wäre ...", murmelte Moritz leise und gähnte. Lea blinzelte müde und Thomas rieb sich über die Augen. Auch Caro fühlte sich erschlagen. Die Nacht zuvor hatten Thomas und sie die Kinder mit dem Auto abgeholt. Mitternacht war vereinbart gewesen. Mehr als eine halbe Stunde später waren Lea und Moritz am Treffpunkt erschienen. Was zu viel Streit und wenig Schlaf geführt hatte.

Einzig Frieda wirkte fit und dynamisch. Schwungvoll betrat sie allen anderen voran einen Raum, der wie ein in die Jahre gekommenes Wohnzimmer eingerichtet war. Als sich alle zwischen den Retromöbeln versammelt hatten, wurde die Tür geschlossen. An der Decke knackte ein

Lautsprecher und die Stimme der Studentin sagte: „Hinweise auf den Verbleib der Vermissten sind im Raum verteilt. Sie müssen diese nur finden. Ich beobachte das Geschehen über eine Videokamera und gebe Tipps, falls Sie nicht weiterkommen. Und jetzt viel Spaß!"

„Ja, viel Spaß", murmelte Thomas neben Caro und sah so unmotiviert aus, wie sie sich fühlte.

Lea und Moritz ließen sich auf die Couch fallen und verschränkten die Arme vor der Brust. Ohne Mobiltelefon in den Fingern wussten beide wohl nicht, wohin mit ihren Händen vermutete Caro. Dass man ihnen die Handys abgenommen hatte, hatte den Teenagern die Laune noch mehr verhagelt als das frühe Aufstehen. Ihre Kinder jetzt zu motivieren, war genauso aussichtslos, wie das Meer im Bikini zu durchschwimmen und dabei nicht nass zu werden. Damit das Event nicht zum Desaster wurde, mussten sie und Thomas versuchen, das Rätsel zusammen mit Frieda zu knacken – und zwar bevor es zum Familienstreit kam!

Ihr Mann war anscheinend zur selben Einsicht gelangt, denn er öffnete eine Schranktür, nahm ein Blatt Papier heraus und meinte verwundert: „Hier steht: Wpvgt fgo VX. Was ist denn das für ein Kauderwelsch?"

„Hinten auf dem Zettel steht die Zahl 2", murmelte Moritz von der Couch aus.

„Oh Wunder! Mein Sohn hat die Sprache wiedergefunden", brummte Thomas.

„Dann halt nicht", kam zurück.

„Musste das jetzt sein", fuhr Caro ihren Mann an.

„Wenn ich mich zum Affen mache, dann können die zwei das auch", entgegnete dieser.

„Wer macht sich zum Affen?", fragte Frieda verwirrt.

„Keiner", stellte Caro klar. Im selben Moment riefen Thomas, Lea und Moritz: „Wir alle!"

Der Lautsprecher an der Decke knackte und die Studentin erklärte: „Das Spiel kann jederzeit abgebrochen werden."

„Ist vielleicht besser so", meinte Frieda und wirkte mit einem Mal alt und gebrechlich. „Wir scheitern schon am ersten Rätsel und die Stimmung ist auch schlecht. Also Fräulein, öffnen Sie bitte …"

„Erstens Tante Frieda, Fräulein sagt heute kein Mensch mehr", fiel Lea ihr ins Wort und stand auf. „Und zweitens lässt sich dieses Rätsel lösen oder habt ihr noch nie von der Caesar-Verschlüsselung gehört?"

Die Fünfzehnjährige nahm ihrem Vater das Blatt Papier aus der Hand und erklärte: „Wenn ich recht habe, dann besagt die aufgemalte Ziffer 2 auf der Rückseite des Blattes, dass die Buchstaben auf der Vorderseite alle um zwei Stellen im Alphabet verschoben sind."

„Woher weißt du so was?", fragte Caro verblüfft.

„Das kam in einem Videospiel vor. Vielleicht sind diese Games ja gar nicht so unnütz, wie Leute älteren Semesters immer meinen", grinste Lea, überlegte kurz und erklärte dann stolz: "Hier steht: Unter dem TV."

Thomas sah beeindruckt aus. Frieda nickte zufrieden und Caro bückte sich. Doch der Boden unter dem Fernsehschrank war leer.

„In Krimiserien sind die Beweise oft unter Möbel geklebt", ließ sich Moritz von der Couch aus vernehmen.

„Wir sind hier aber nicht in einer deiner Serien", sagte Thomas gereizt. Im selben Moment ertastete Caro ein auf der Unterseite des Möbels festgeklebtes Papierstück. Sie zog es ab und richtete sich auf.

„Papa?", Moritz hob die Augenbrauen.

„Schon gut. Du lagst richtig und ich falsch", gab Thomas widerwillig zu und wandte sich rasch an Caro. „Was hast du gefunden?"

Caro hielt ein Blatt Papier in die Höhe. Auf dessen Vorderseite stand die Ziffer 4. Auf die Rückseite war die Skizze eines Telefons gezeichnet.

Frieda entdeckte den Apparat als Erste. Sie tippte die 4 ins Display, woraufhin eine elektronische Stimme mitteilte: „Um die Nachricht des eingebauten Anrufbeantworters abzuhören, geben Sie bitte die fehlenden drei Ziffern ein."

Die Lösung durchzuckte Caro wie ein Blitz. „Die Nachricht wird uns sagen, was mit der alten Dame passiert ist", rief sie. „Wir müssen nur die restlichen drei Zahlen finden, dann ist das Rätsel gelöst!"

Lea und Frieda durchsuchten nun begeistert den Raum. Thomas beteiligte sich milde interessiert. Nur Moritz gähnte demonstrativ und lehnte sich schließlich auf der Couch zurück. „Wenn wenigstens diese nervige Musik im Hintergrund endlich aufhören würde", brummte er.

Nun hörte auch Caro einen leisen Song der 80er-Jahre.

„Seit wann läuft das Lied denn?", wollte sie wissen.

Moritz zuckte mit den Achseln. „Seit ein paar Minuten. Wenn ihr nicht wie aufgescheuchte Hühner herumrennen würdet, hättet ihr es vielleicht auch gehört."

Auf Thomas' Stirn bildete sich eine tiefe Falte. Sein Mund öffnete sich. Hastig nannte Caro Song und Interpret.

Lea hob die Augenbrauen. „Wow! Das war jetzt beeindruckend!"

„Wir haben zu diesem Lied das erste Mal getanzt", erklärte Caro lächelnd und die Falte auf der Stirn ihres Ehemanns verschwand. Seine Mundwinkel hoben sich.

„Was? Papa kann tanzen?", torpedierte Moritz zielsicher die gute Stimmung, die mit dieser Erinnerung gerade aufkommen wollte.

„Natürlich", rief Thomas, sichtlich in seiner Ehre gekränkt.

„Warum geht ihr dann nicht mal aus? Wir sind alt genug, um alleine zuhause zu bleiben", meinte Lea.

„Zur heutigen Musik kann man sich doch gar nicht richtig bewegen", wehrte Thomas ab. „Zudem fangen die

Veranstaltungen mittlerweile viel zu spät an. Da sind wir schon müde."

„Uns holt ihr doch auch nachts aus der Stadt ab", warf Moritz ein.

„Weil uns nichts anderes übrig bleibt", erklärte Thomas eine Spur zu laut. „Vielleicht könnten Mama und ich uns mal zum Ausgehen aufraffen, wenn wir nicht ständig weit nach Mitternacht Taxi spielen müssten."

„Ich habe euch schon hundertmal gesagt, dass wir auch alleine aus der Stadt zurück in unser Dorf kommen!" Moritz sprang auf.

„Das könnt ihr ein einziges Mal machen, dann habt ihr Hausarrest bis zum Jahresende", donnerte Thomas.

Wieder knisterte der Deckenlautsprecher: „Sie können den Raum jederzeit verlassen", erklärte die Studentin und klang jetzt ziemlich beunruhigt.

Frieda zuckte zusammen.

Caro warf den zwei Streithähnen einen warnenden Blick zu und nannte erneut Songname und Interpret. Woraufhin die alte Dame in einer Kiste mit Schallplatten wühlte und schließlich eine mit der Ziffer 5 beschriftete Langspielplatte aus dem entsprechenden Album zog.

„Okay, wir haben eine 4 und eine 5. Wenn wir noch zwei Zahlen finden, ist der Code vollständig. Dann können wir ihn eingeben, den Anrufbeantworter abhören und haben das Spiel gewonnen", rief Lea und stupste aufgeregt ihren

Bruder an, der sich in der Zwischenzeit neben sie gesellt hatte.

„Mann, krieg dich wieder ein", knurrte Moritz und rollte mit den Augen. „Hey", meinte er dann. „Im Lampenschirm über mir steht: Düne. Nein, wartet: Dürer. Hä?"

Frieda zeigte zu einem Gemälde an der Wand: „Das hat Alfred Dürer gemalt." Sie trat zu dem Bild und kniff die Augen zusammen. „Auf den Panzer des Nashorns ist eine 8 gezeichnet. Die gibt es im Original nicht. Also haben wir jetzt: 4,5 und 8."

In Caros Magen begann es zu kribbeln. „Wir brauchen nur noch eine Zahl", rief sie.

„Und die würden wir auch finden, wenn sich alle beteiligen würden", meinte Lea und versetzte Moritz einen Stoß. Woraufhin dieser ihr einen Schubs gab. Lea stolperte und fiel gegen den unscheinbaren Papierkorb in der Ecke. Dieser kippte um und unter einem Berg zerknüllter Dokumente kam eine säuberlich bedruckte Seite zum Vorschein.

„Reife Leistung, Lea", grinste Moritz, sprang auf, griff sich den Zettel und las vor: „Die Dunkelheit bringt manches zum Vorschein."

„Wir müssen die Deckenlampe ausknipsen", rief Thomas und streckte die Finger nach dem Lichtschalter aus. Der Raum wurde in Dunkelheit gehüllt und auf dem Bildschirm des Fernsehgerätes erschien fluoreszierend die Ziffer 3.

Es rumpelte. Moritz fluchte und Lea schrie auf. Eilig knipste Caro das Licht wieder an und sah, wie ihr Sohn eifrig Ziffern in den Anrufbeantworter tippte.

„Plötzlich willst du der Held sein, der den Fall löst", murrte Lea und rieb sich den Arm.

„Ich setze meine Energie einfach gezielter ein", sagte der Siebzehnjährige schulterzuckend. Caro dachte daran, wie er in Windeseile das Chaos in seinem Zimmer beseitigen konnte, wenn der Besuch einer neuen Flamme anstand und stimmte ihrem Sohn in Gedanken zu.

„Idiot", brummte Lea, sah jedoch genauso stolz drein wie Moritz, als die Stimme einer alten Frau vom Anrufbeantworter verkündete, sie wäre spontan nach Spanien gereist und hoffe, die Besucher würden diese Nachricht hören und sich keine Sorgen machen.

„Frieda, die ist wie du damals nach Spanien abgehauen", lachte Moritz. „Und sie hat ebenfalls vergessen, Bescheid zu geben."

„Oh nein!" Die alte Frau schüttelte den Kopf. „Ich hatte das nicht vergessen. Ich wollte nichts sagen, weil es vor der Abreise sonst Diskussionen gegeben hätte."

„Wir haben uns große Sorgen gemacht, als du plötzlich verschwunden warst", sagte Caro.

„Hättet ihr mich denn widerstandslos abreisen lassen, wenn ich vorher gefragt hätte?", wollte Frieda wissen.

Caro rang mit sich und gab zu: „Wahrscheinlich nicht. Niemand hätte dir so eine Wandertour zugetraut."

„Siehst du!" Frieda nickte, gestand dann jedoch seufzend: „Mir ist während der letzten Jahre so oft die Decke auf den Kopf gefallen. Deshalb habe ich die Reise gemacht und das war auch der Grund für den Umzug in die Kreisstadt."

Bei diesen Worten schoss Caro eine Idee durch den Kopf. „Deine Wohnung liegt zentral in der Stadt", sagte sie. „Wäre es nicht möglich, dass Lea und Moritz an den Wochenenden ab und an bei dir übernachten?"

Vier Familienmitglieder starrten sie fassungslos an.

Thomas fand als Erster die Sprache wieder und setzte an: „Also das ist …"

„… eine hervorragende Idee", beendete Frieda hastig den Satz und ein strahlendes Lächeln überzog ihr Gesicht, als sie weitersprach. „Ich könnte den beiden Frühstück richten. Und wenn sie spontan Freunde mitbringen wollen, dann lässt sich die Couch im Wohnzimmer ausklappen. Aber ich stimme nur unter einer Bedingung zu."

„Ich lasse Lea nachts nie alleine laufen und wir kommen immer auf dem kürzesten Weg zu dir", versicherte Moritz rasch.

„Wir werden uns nicht verspäten und uns immer leise verhalten", setzte Lea nach.

„Daran zweifle ich nicht", lächelte Frieda. „Meine Bedingung ist jedoch eine andere. Ich stimme zu, wenn eure

Eltern nicht alle freien Abende auf der Couch verbringen, sondern selbst ab und an ausgehen."

Der Deckenlautsprecher knisterte und die Studentin sagte: „Abgesehen davon, dass das Rätsel gelöst und die Tür schon seit Minuten offen ist … Meine Eltern haben sich neulich zum Tanzkurs angemeldet und sind äußerst begeistert davon."

Lea nickte begeistert und Moritz sagte: „Vielleicht seid ihr ja generell entspannter, wenn ihr euch einmal pro Woche altersgerecht austobt. Feiern in den Fünfzigern kann man das dann wohl nennen."

„Du kannst es einfach nicht lassen, oder?" Thomas versetzte ihm einen scherzhaften Stoß.

„Na ja, ein bisschen Spaß muss einfach sein", meinte Moritz.

Vater und Sohn grinsten sich an. Dann warf Thomas Caro einen fragenden Blick zu.

Beim Gedanken daran, mit ihrem Mann wieder regelmäßig das Tanzbein zu schwingen, begann es in ihrem Magen freudig zu kribbeln.

Sie schlang den linken Arm um Thomas' Hüfte. „Ich finde, wir können unsere wiedergewonnene Freiheit in den Fünfzigern auch mal außerhalb der eigenen vier Wände genießen!"

„Das sehe ich auch so", erwiderte ihr Mann und legte einen Arm um ihre Schultern.

„Und wenn wir mal alle an einem Wochenende nichts vorhaben, dann buchen wir noch einmal so einen Rätselraum", rief Lea.

Caro wurde warm ums Herz, als sie Friedas große Freude bei den Worten ihrer Tochter sah. Und auch sie selbst, gestand sie sich zu ihrer eigenen Überraschung ein, hatte Lust auf ein weiteres Abenteuer dieser Art. Allerdings …

„Allerdings wird keiner zur Teilnahme gezwungen", sprach Thomas ihren Gedanken aus.

„Schön wäre es jedoch", ergänzte Caro, „wenn alle dabei wären."

Wie auf Kommando wandten alle sich Moritz zu.

Dieser schob scheinbar gleichgültig die Hände in die Hosentaschen. Um seine Mundwinkel zuckte es jedoch, als er antwortete: „Da ihr ohne mich nicht den Hauch einer Siegeschance hättet, bleibt mir wohl nichts anderes übrig, als mich wieder mit euch einschließen zu lassen!"

DER GUTE-LAUNE-PLAN FÜR DAMEN AB 50

Ulrike Wenger

Nun ist es geschafft, die große 50 ist da! Doch was fängt man mit dem kommenden Jahrzehnt an? Warten jetzt wirklich nur noch Lesebrillen, Rückenschmerzen, Müdigkeit und Co auf ihren Einsatz? Aber nein! In diesem Text möchten wir Ihnen nicht nur nützliche Tipps geben, sondern auch zeigen, wie Sie mit Humor und einer ordentlichen Portion Verrücktheit durch die nächsten 10 Jahre schreiten können. Denn mit Gelassenheit und gute Laune wird das fünfte Jahrzehnt das schönste, das Sie sich vorstellen können.

Ungewöhnliche Outfits

Wer kennt das nicht: Verschlafen öffnen wir am Morgen unseren Kleiderschrank und haben keinerlei Idee, welches Outfit wir heute auswählen sollen. So greifen wir wie gestern auch schon auf Altbewährtes zurück und ziehen unsere Lieblingsjeans sowie eine schwarze Bluse an. So weit, so gut. Das gewählte Outfit passt doch immer, werden Sie sagen. Und das stimmt natürlich. Wie ein Supermodel werden Sie sich damit aber wahrscheinlich nicht fühlen. Warum also nicht einmal die Komfortzone verlassen und zu ungewöhnlichen und kreativen Kleidungsstücken greifen? Gerade ab der Lebensmitte kann ein außergewöhnlicher Look dazu beitragen, sich selbstbewusster zu fühlen und die eigene Individualität zum Ausdruck zu bringen.

Die Zeiten, in denen man mit 50 als unattraktiv und alt galt, sind zum Glück vorbei. Daher können Sie Ihr noch jugendliches Innere mit einem kreativen und hochwertigen Kleidungsstück souverän nach Außen hin präsentieren. Ganz gleich, ob es sich dabei um knallige Farben, einen skandinavisch-reduzierten Stil oder einen exzentrisch-rockigen Look handelt. Wichtig dabei ist, dass Sie immer das tragen, was Ihnen gefällt und womit Sie sich hundertprozentig wohlfühlen. Sparen Sie nicht an Accessoires wie stilvollen Schuhen, Gürteln oder ausgefallenen Tüchern, die Ihr Outfit zusätzlich aufpeppen. Schon bald werden Sie merken, dass Sie sich mit einem ausgefallenen Look von der Masse abheben, neue Erfahrungen sammeln und dadurch Ihr Selbstbewusstsein stärken.

Sehr gut funktioniert beispielsweise der sogenannte Boho-Stil, mit dem Sie Ihre Lässigkeit unter Beweis stellen und sich trotzdem wohl fühlen können. Für ein Outfit im Boho-Look benötigen Sie lediglich eine Jeansjacke und ein Maxikleid. Dazu tragen Sie am besten Ledersandalen und einen Schlapphut, der dem Ganzen noch mehr Pep verleiht. Aber auch eine coole Jeans in Kombination mit einem bunten Kimono ist ein echter Hingucker. Schick und unkompliziert wirkt eine Jeans im Used-Look, die Sie mit modischen Ankle-Boots, einem lässigen Hemd und einer Statement-Halskette tragen können. Wenn Sie auffallen und Ihre bisherigen Regeln brechen wollen, so zögern Sie nicht, schwarze Jeans mit Schuhen im Animal-Print zu wagen und das Outfit noch mit einer Lederjacke sowie einem Nietengürtel zu vervollständigen.

Neue Orte entdecken

Wollten Sie schon immer reisen und fremde Kulturen entdecken, hatten aber bisher nie die Zeit dazu? Gerade ab dem 50. Lebensjahr sind die Kinder bereits ziemlich selbständig oder haben Mamas Nest verlassen, sodass der Zeitpunkt günstig ist, die Welt zu erkunden. Eine amerikanische Studie, die auf der Webseite nature.com nachzulesen ist, hat sogar gezeigt, dass sich das Entdecken neuer Orte und Plätze positiv auf unser seelisches Wohlbefinden auswirkt. Wenn wir neue Erfahrungen sammeln und unseren Entdeckerdrang ausleben, löst das Glücksgefühle aus, ganz egal, wie weit diese Orte entfernt sind.

Unsere nähere Umgebung ist uns meist sehr vertraut und wir bewegen uns in einer Komfortzone, in der wir kaum mehr Neues entdecken. An einem uns noch unbekannten Ort nehmen wir landschaftliche Schönheiten wieder völlig anders wahr und sehen unser Zuhause nach der Rückkehr wieder mit ganz anderen Augen.

Und selbstverständlich ist es mit 50 noch lange nicht zu spät, eine Fremdsprache zu lernen oder in eine fremde Kultur einzutauchen. Wer seine verstaubten Sprachkenntnisse wieder auffrischt, kommt leichter mit Einheimischen in Kontakt, erhält authentische Einblicke in deren Kultur und wahrscheinlich den einen oder anderen Geheimtipp, der in keinem Reiseführer zu finden ist.

Darüber hinaus bieten Reisen natürlich eine gute Möglichkeit, um sich vom alltäglichen Trubel zu erholen. Gerade ab der Lebensmitte ist man nicht mehr so belastbar wie in jungen Jahren. Man ermüdet schneller und kann sich möglicherweise schlechter konzentrieren. Ein Aufenthalt an einem fremden Ort oder in einem anderen Land kann da schnell Abhilfe schaffen. Wie wäre es zum Beispiel mit einem Wellnesswochenende mit Freundinnen oder einer Genussreise, bei der Sie sich kulinarisch verwöhnen lassen und Ihre Batterien wieder aufladen? Bereits die Reiseplanung wird Sie in Hochstimmung versetzen und aus Ihrem Tageskorsett aussteigen lassen. Laut einer Studie der britischen Marktforscher Junnaida Abdullah und David Gilbert fühlen sich Menschen, die einen Urlaub planen, einfach glücklich. Sie blättern in Reiseführern, schauen sich passende Videos an oder durchsuchen das Internet nach Informationen. Sie werden sehen, dass Sie schon während der Planung voller Vorfreude sind und Ihren Alltag wieder viel positiver in Angriff nehmen!

Darüber hinaus bietet uns das Reisen natürlich die Möglichkeit, uns selbst völlig neu kennenzulernen. Im Alltag sind wir meist im Autopilot-Modus unterwegs, erledigen viele Dinge fast automatisch. Auf Reisen aber werden unsere Sinne geschärft: Wir erleben neue Geräusche, neue Gerüche, und reisen dadurch nicht nur in fremde Länder, sondern auch zu uns selbst, was den Selbstwert erheblich steigert.

Die eigene Lebensgeschichte aufschreiben

Eine sehr schöne Erfahrung kann es sein, die eigene Lebensgeschichte aufzuschreiben. Wirft man einen Blick auf den Buchmarkt, wird schnell erkennbar, dass Biografien bekannter Persönlichkeiten geradezu boomen. Aber auch ein ganz "normales" und "durchschnittliches" Leben ist es durchaus wert, aufgeschrieben zu werden, und sei es nur für die eigene Schublade.

Wenn Sie sich mit ihrer eigenen Geschichte auseinandersetzen, können Sie sich auf eine spannende Entdeckungsreise begeben und ihren ganz persönlichen roten Faden, der sich durch ihr Leben zieht, freilegen. Dabei werden Sie feststellen, dass sich Ihre Wahrnehmung verändert, denn beim Schreiben Ihrer Biografie werden Sie auf viele kleine Details stoßen. Kleine Mosaiksteine, die Sie liebevoll zu einem großen Ganzen, nämlich Ihrer ganz individuellen Geschichte, zusammenfügen.

Außerdem stellt so eine Autobiografie ein ganz wunderbares Geschenk für Ihre Familie dar. „Weißt du noch?", ist eine Frage, die Kinder oder Enkel sehr häufig stellen. Wie schön ist es daher, solche Erinnerungen niederzuschreiben, um so ein Stück Ewigkeit für die nächste Generation zu erschaffen.

Die eigene Lebensgeschichte zu verfassen, hat absolut nichts mit Eitelkeit zu tun, sondern zeugt vielmehr von Eigenverantwortung und Selbstbewusstsein. Es ist ein Weg, sich zu seiner Herkunft, seinen Erfahrungen, seinen Höhen und Tiefen zu bekennen und Verantwortung für sich selbst zu übernehmen. So fordert beispielsweise der Künstler Baron Brock schon seit geraumer Zeit eine „Biografiepflicht". Eigentlich sei jeder von uns ein Denkmal, das es zu pflegen und zu schützen gilt. Wer auf sein eigenes Leben zurückblickt, so Brock, kann sich auch für die Zukunft besser ausrichten. Und nicht zuletzt: Eine Autobiografie ist vielleicht eine weitere Möglichkeit, negative Erfahrungen "umzuschreiben" und sie damit neu zu bewerten. Auf diese Weise entwickeln wir ein besseres Verständnis für uns selbst und lernen, uns mit mehr Wertschätzung zu betrachten.

Wie jedoch anfangen? Wenn Sie sich entschlossen haben, Ihre eigene Geschichte zu Papier zu bringen, beginnen Sie am besten damit, emotional wichtige Ereignisse zu sammeln. Versuchen Sie außerdem, möglichst regelmäßig zu schreiben, in dem Sie sich an zwei Tagen in der Woche mit Ihrer Biografie auseinandersetzen. Diese regelmäßige Achtsamkeit hat einen äußerst heilenden Aspekt und hilft darüber hinaus, sich auf frühere Situationen einzulassen. Füllen Sie Ihre Erinnerungslücken und finden Sie Ihre ganz eigene "Lebensmelodie"!

Neue Hobbys ausprobieren

Neben Arbeit, Alltag und anderen Verpflichtungen ist man am Abend meistens froh, sich einfach nur auf der Couch zu tummeln. Gleichzeitig denken Sie sich nicht selten: "Mein Leben ist unglaublich eintönig und ich hätte so gerne etwas, worauf ich mich nach meiner Arbeit freuen könnte." Wie wäre es dann mit einem neuen Hobby? Ein Hobby kann Ihnen eine spannende und aufregende Welt eröffnen und gleichzeitig wieder mehr Abwechslung in Ihr Leben bringen. Zudem steigern sinnvolle Freizeitbeschäftigungen das seelische Wohlbefinden und unterstützen uns dabei, geistig fit zu bleiben. Außerdem ist ein Hobby eine tolle Möglichkeit, um neue Menschen kennenzulernen. Das ist mit 50 noch genauso wichtig wie mit 30 oder 40.

Nehmen Sie sich daher genügend Zeit für Dinge, die Ihnen Spaß machen. Auch hier haben Studien bewiesen, dass es einen direkten Zusammenhang zwischen Freizeitbeschäftigungen und dem Rückgang von Depressionen gibt. Ja dass Hobbys Depressionen sogar vorbeugen können.

Neben Motivation und Spaß kann Ihnen ein Hobby zudem weitere Vorteile bieten: So kann es beispielsweise Ihre Fitness fördern oder Ihre Gehirnfunktion verbessern; Aktivitäten wie das Erlernen eines Musikinstruments können darüber hinaus die Gedächtnisfunktion erhöhen. Vor allem kreative Tätigkeiten wie Zeichnen, Malen oder Töpfern können Ihr Wohlbefinden steigern, aber auch das Betrachten von Bildern verhilft zu neuen optischen Impulsen. In einem schöpferischen Prozess liegt sehr viel Kraft. Das belegt eine Studie der Northern Arizona University, die im Bereich "Klinische Psychologie" durchgeführt wurde. Darüber hinaus können viele Kreativ-Techniken den Cortisolspiegel senken und damit negativen Stress minimieren.

Künstlerische bzw. schöpferische Hobbys lassen Sie also regelrecht "aufblühen", in der Fachsprache auch als "Flourishing" bekannt. Im Idealfall können Sie dadurch persönlich wachsen und Ihre Resilienz steigern. Ein weiterer interessanter Aspekt ist, dass ein spannendes Hobby auch für Ihre Karriere förderlich sein kann. Gehen Sie einem Hobby mit großer Leidenschaft nach, können Sie Ihren Alltag für eine Weile ausblenden, ihre Akkus wieder aufladen und so neue Energie für Ihre berufliche Tätigkeit tanken. Was Forscher aber betonen: Um diesen Effekt zu erzielen, muss sich das gewählte Hobby jedoch von der beruflichen Tätigkeit unterscheiden und auf eine unbeschwerte und spielerische Art und Weise ausgeübt werden. Das ist deshalb wichtig, damit Sie Abstand zu Ihrem Berufsalltag gewinnen und notwendige Ressourcen generieren können. Sie sehen also: Ein interessantes Hobby macht nicht nur Spaß, sondern kann Ihnen viele weitere Vorteile bieten!

Sich selbst zur Priorität machen

Sie sind tagtäglich für sämtliche Familienmitglieder da, leisten außerordentlich viel und kommen dabei selbst immer zu kurz? Dann ist es höchste Zeit, sich selbst zur Priorität zu machen und einiges in Sachen Selbstfürsorge zu tun. Vor allem bei diesem Thema, reden sich vor allem Frauen häufig ein, dass in naher Zukunft alles von selbst besser wird und man dann wieder viel mehr Zeit für sich hat. Dieser besagte Tag X wird höchstwahrscheinlich nie eintreten. Das Thema Selbstfürsorge muss man schon selbst in die Hand nehmen. Es gibt da diesen schönen Satz, der besagt, dass alles, was man nicht ändert, bewusst gewählt ist. Welchen kleinen Schritt können Sie also sofort tun, um sich selbst zur Priorität zu machen?

Selbstfürsorge hat sehr viel mit Selbstverantwortung zu tun. Das heißt nicht, dass man von nun an rein egoistisch durch die Welt wandelt und alle anderen links liegen lässt. Selbstfürsorge bedeutet, in bestimmten Situationen auch einmal „Nein" zu sagen, denn ein „Nein" ist immer auch ein „Ja" zu einem selbst! Es ist vollkommen okay, sich Zeit für sich zu nehmen und die eigenen Bedürfnisse wahrzunehmen. Tragen Sie sich beispielsweise bewusst Zeiten in Ihren Kalender ein, um Zeit für Ihr eigenen Aktivitäten zu haben. In dieser bewussten Auszeit können Sie neue Kraft und Energie tanken. Ganz natürlich wird sich das sehr positiv auf Ihr Umfeld auswirken. Nur wenn wir uns gut um uns selbst kümmern, haben wir ausreichend Kapazität für andere Menschen. Umgekehrt, fällt es uns schwer, für andere da zu sein, wenn wir gestresst oder müde sind.

Außerdem werden Sie bemerken, dass Sie viel bessere Entscheidungen treffen, wenn Sie Selbstverantwortung übernehmen. Machen wir uns selbst zur Priorität, so werden wir uns zudem kaum unnötigem Stress aussetzen. Denn das Einzige, was im Leben wirklich zählt, ist ein gutes solches zu führen. In diesem Fall werden wir negative Menschen oder langweilige Jobs kaum akzeptieren und versuchen, solche Situationen umgehend zu ändern. Selbstfürsorge ist daher der Schlüssel zum Abbau von unnötigem Stress und zur Pflege von Körper und Geist.

Sind Sie mit sich selbst verbunden, so können Sie auch anderen zeigen, dass Sie sich um sich selbst kümmern dürfen. Seien Sie sich daher bewusst: Ihr Leben gehört Ihnen und niemand anderem. Ihre Bedürfnisse stehen an oberster Stelle! Was werden Sie also gleich heute Gutes für sich selbst tun?

Neue Beziehungen aufbauen

Was hält Menschen gesund und macht sie dauerhaft glücklich? Vielleicht denken Sie jetzt zunächst an eine gesunde Ernährung, ausreichend Bewegung oder das konsequente Weglassen von Nikotin. Langzeitstudien haben jedoch nachgewiesen, dass die wichtigsten Faktoren für unsere Gesundheit soziale Kontakte sind. Sind wir fest in eine Gemeinschaft eingebunden und verfügen über unterstützende und stabile Freundschaften und Beziehungen, wirkt sich das äußerst positiv auf unsere Gesundheit aus.

Gerade ab 50, wenn die Kinder meistens schon flügge geworden sind, ist es daher sehr wichtig, Ihre Sozialkontakte zu stärken, neue Beziehungen aufzubauen bzw. zu verbessern. Grundsätzlich sind wir ständig in Kontakt mit Menschen. Entscheidend dabei ist jedoch, die Qualität der

Freundschaften. Eine Freundschaft sollte in Ihnen ein Gefühl von Gemeinsamkeit, Geborgenheit und Freude auslösen. Freundinnen und Freunde sollten Ihr Leben bereichern und es lebendiger und interessanter gestalten.

Sind wir mit uns vertrauten Menschen zusammen, kann Stress effektiv reduziert werden. Die Ursache liegt in unserer Natur begründet. Wir sind äußerst soziale Wesen und benötigen daher andere um uns herum, um uns aufgehoben zu fühlen. Außerdem hilft soziale Nähe, starke negative Emotionen abzubauen und uns wieder „richtig" zu fühlen. Ein stabiles Beziehungsnetz macht Sie entspannter und ruhiger und stärkt Ihren Selbstwert. Studien haben zudem gezeigt, dass man durch stabile Sozialkontakte besser schläft und geistig und körperlich aktiver bleibt.

Vor allem neue Freundschaften und Beziehungen können dazu beitragen, andere Perspektiven einzunehmen, wodurch Sie sich inspiriert und motiviert fühlen. Außerdem fällt es Ihnen wahrscheinlich leichter, beispielsweise sportliche Aktivitäten in Angriff zu nehmen, die Ihnen sonst möglicherweise schwerfallen. Dasselbe gilt für ein Training in der Gruppe, das sofort mehr Spaß macht und den Alltagsstress in den Hintergrund treten lässt.

Die Altersforschung hat bestätigt, dass positive Sozialkontakte eine lebensverlängernde Wirkung haben und die Gefahr von Depressionen verringern können. Menschen, die sozial eingebunden sind, bauen kognitiv nicht so schnell ab wie Menschen, die viel alleine sind und sich einsam fühlen. Man kann daher sagen, dass Freundschaften und Beziehungen ein natürliches Trainingsfeld für Ihre geistige Leistungsfähigkeit darstellen. Bleiben Sie daher neugierig und versuchen Sie, auf andere Menschen zuzugehen.

Zeigen Sie Interesse an deren Lebensgeschichte. Kommen Sie ins Gespräch – und wer weiß, vielleicht entwickelt sich daraus eine neue Freundschaft oder eine weitere Bekanntschaft. Eines ist auf jeden Fall gewiss: Sorgen Sie nicht nur materiell für Ihr Alter vor, sondern auch sozial!

Sich selbst verwöhnen

Wer ist die wichtigste Person in Ihrem Leben? Ihr Partner oder Ihre Partnerin? Ihre Kinder? Ihre Freundin? Ihre Mutter oder Ihr Vater? Nicht ganz richtig – eigentlich sind Sie immer noch der wichtigste Mensch. Nur: Sehr häufig vergessen wir das. Im Alltagsstress denkt man meist nur an die anderen und überlegt, ob es ihnen gut geht. Dabei ist es so wichtig, sich selbst gut zu behandeln und sich ab und an zu verwöhnen. Und das ist gar nicht so schwierig, wie man jetzt vielleicht denken könnte.

Bereits der Dichter Eduard Mörike hat gesagt, dass man immer etwas haben muss, worauf man sich freuen kann. Gerade ab der Lebensmitte sollten Sie sich daher in regelmäßigen Abständen Feel-Good-Momente schaffen. Sind Sie häufig verspannt, weil Sie tagsüber vor dem PC sitzen und am Abend viel zu müde sind, um noch Sport zu treiben? Wie wäre es mit einer netten Massage, die Ihre verspannten Muskeln wieder lockert und sich wie ein erholsamer Mini-Urlaub anfühlt?

Wenn Sie nach der Arbeit etwas Zeit übrig haben, so ist ein ganz spontaner Shopping-Bummel eine tolle Gelegenheit, sich selbst etwas Gutes zu tun. Ganz egal, ob Sie nun tatsächlich etwas für Ihre Garderobe benötigen oder nicht. Schlendern Sie ohne Plan durch die Stadt. Vielleicht entdecken Sie eine neue Boutique, die zum Stöbern einlädt.

Gönnen Sie sich ab und zu eine Beauty-Behandlung: Das kann ein Gesichts-Treatment, ein Termin beim Friseur oder eine Maniküre sein. Sie werden sehen, danach fühlen Sie sich wie neugeboren. Ein absoluter Feel-Good-Tipp sind frische Blumen, die in Ihrem Zuhause für eine angenehme Atmosphäre und einen herrlichen Frühlingsduft sorgen.

Sie kochen gerne? Wie wäre es, einmal nur für sich selbst ein leckeres Menü zuzubereiten? Der Vorteil: Sie müssen keinerlei Kompromisse mit anderen Familienmitgliedern eingehen, sondern können auswählen, worauf nur Sie gerade Lust haben.

Auch die Natur tut uns sehr gut. Nehmen Sie sich eine kleine Auszeit und gönnen Sie sich ein Waldbad, bei dem Sie ganz bewusst – am besten ohne Smartphone – das Grün genießen und tief durchatmen können. Ein Tag im Wald schärft die Sinne, baut Stress ab und lässt das Depressions- und Angstniveau sinken. Im Anschluss lassen Sie sich zuhause ein Bad ein, fügen ein duftendes Badeöl hinzu und lassen den Tag im Wasser und bei einem guten Glas Wein ausklingen.

Sie werden sehen: Kleine Genüsse und Feel-Good-Momente werden Ihr Wohlbefinden erheblich steigern, Ihren Stress abbauen und Ihr Selbstwertgefühl stärken!

Eine positive Einstellung zum Alter entwickeln

Es gibt eine alte Volksweisheit, die besagt: „Man ist so alt, wie man sich fühlt." Stimmt das wirklich und hängt unser geistiger oder körperlicher Zustand eher von unserer eigenen Einschätzung als von unseren tatsächlichen Lebensjahren ab? In der Tat gibt es Hinweise darauf, dass verschiedene Faktoren Einfluss darauf haben, wie schnell wir biologisch altern. Einer davon ist unsere persönliche Einstellung.

Diese kann zwar nicht gemessen werden, allerdings hat das subjektiv empfundene Alter einen, Einfluss darauf, wie schnell wir biologisch altern. So macht es auf jeden Fall einen Unterschied, ob man dem Altern gegenüber positiv eingestellt ist oder eher Angst davor hat. Die Psychologin Becca Levy hat im Rahmen einer Studie sogar festgestellt, dass Menschen, die das Älterwerden ganz entspannt sehen, durchschnittlich ganze 7,5 Jahre länger leben, als jene, die dem Alterungsprozess negativ gegenüberstehen.

Diese Einstellung macht sich auch körperlich bemerkbar. Menschen mit einer sehr positiven Lebenseinstellung leiden demnach seltener an Herzerkrankungen, außerdem schrumpft bei ihnen die so genannte graue Substanz im Gehirn weniger stark, sodass die geistigen Fähigkeiten im Alter länger erhalten bleiben. Ein wesentlicher Indikator für unser biologisches Alter sind dabei die Telomere bzw. genauer gesagt deren Länge. Als Telomere bezeichnet man die Schutzkappen, die am Ende der Chromosomen zu finden sind und die sich bei jeder Zellteilung verkürzen. Irgendwann können sich diese Zellen nicht mehr teilen und vergreisen. Im Rahmen einer Studie hat sich gezeigt, dass Menschen, die dem Alterungsprozess negativ gegenüberstehen, kürzere Telomere haben als jene mit einer positiven Haltung.

Darüber hinaus sind Menschen mit einer positiven Sichtweise auf das Alter meist auch körperlich aktiver und achten stärker auf eine gesunde Ernährung. Eine weitere wichtige Rolle spielt der Stress. Er stellt ein großes Risiko für unseren Körper und unsere Psyche dar. Hier hat sich gezeigt, dass bei negativ eingestellten Menschen der Cortisol-Spiegel im Laufe der Zeit ansteigt, während bei positiv eingestellten Menschen kein Anstieg zu verzeichnen ist. Hier können vor allem spirituelle Praktiken wie Meditation, Yoga oder Gebete dazu beitragen, ein Gefühl von innerem Frieden und Ruhe zu fördern, das Leben gelassener zu gestalten und sich auf das Wesentliche zu konzentrieren.

Was können Sie aus all dem schließen? In unserer Kultur hat der Alterungsprozess ein Imageproblem. Man verbindet mit ihm geistigen Verfall und körperliche Erkrankungen. Jeder von uns hat jedoch die Möglichkeit, seine Sichtweise auf den Alterungsprozess jederzeit zu ändern. Er kann darüber nachdenken, was am Älterwerden auch schön sein kann. Es ist also an der Zeit, ein neues Altersbild zu entwickeln, denn nur so können wir die zweite Lebenshälfte voll und ganz genießen.

Sich selbst neu erfinden

„Wer bin ich eigentlich?" Diese Frage stellt sich wohl jeder von uns im Laufe seines Lebens. Sie formt unsere Persönlichkeit und unsere Identität und ist ausschlaggebend dafür, wie wir die Welt wahrnehmen. Was aber passiert, wenn in uns plötzlich das Gefühl erwacht, dass wir nach etwas völlig Neuem streben?

Vor allem in der zweiten Hälfte unseres Lebens blicken wir sehr gerne auf unsere bisherige Karriere oder die privaten Errungenschaften zurück. Manches ist für uns genau richtig, anderes würden wir gerne ändern bzw. noch einmal komplett neu angehen. Und genau diese Kunst des Neu-Erfindens ist eine hervorragende Chance, dem Leben eine andere Wendung zu geben.

Natürlich können wir nicht alles sein oder alles können, aber wir können einen Blick auf unsere Stärken werfen und uns darauf konzentrieren. Wer dafür offen ist, kann durch Selbstreflexion sehr gut erkennen, welche Bereiche sich im Leben noch verbessern lassen. Vor allem ab 50 zweifeln

Frauen jedoch sehr häufig an der Sinnhaftigkeit ihres Lebens. Hinzu kommt, dass man mit den Wechseljahren kämpft und sich mit dem Thema des Älterwerdens auseinandersetzt. Zunehmend wird einem bewusst, dass die Zeit, für die Verwirklichung großer Träume, nicht unbegrenzt ist.

Diese Selbstzweifel können gleichzeitig eine Riesenchance sein, um noch einmal neu anzufangen und genau das zu tun, worauf man schon lange Lust hatte. So können Sie beispielsweise eine neue Karriere starten oder sich ehrenamtlich engagieren, was dazu beitragen kann, dem Leben wieder mehr Sinn zu geben. Das erweitert nicht nur Ihr soziales Netzwerk, sondern lässt Sie neue Erfahrungen sammeln. Unser Leben ist ein ununterbrochener Lernprozess. Daher haben wir immer die Option, neue Dinge auszuprobieren. Das öffnet Ihnen neue Türen und bietet Ihnen ein großes Maß an Selbstbestimmung für Ihr Leben.

Nutzen Sie in diesem Sinne Ihre eigene Biografie dazu, wieder neue Perspektiven und neue Energie zu schöpfen und begeben Sie sich auf die Suche nach Ihrer Kernidentität. Diese macht Sie zu einem ganz einzigartigen Wesen und ist das Wertvollste, das Sie besitzen. Natürlich sind Veränderungen nicht immer angenehm, denn sie katapultieren uns aus unserer Komfortzone. Trotzdem sollten wir nie mit dem Anfangen aufhören, denn nur so können wir weiter wachsen und schließlich zu der Person werden, die wir gerne sein wollen.

Jüngere Generationen als Inspiration

Wir alle haben Idole oder Vorbilder, die uns inspirieren. Sehr häufig sind das ältere oder zumindest gleichaltrige Menschen, die schon viel Erfahrung in ihrem Leben gesammelt haben. Haben Sie schon einmal darüber nachgedacht, dass uns auch jüngere Generationen als Vorbild oder Inspiration dienen können?

Was können wir von jungen Menschen lernen? Zunächst einmal: Ihnen zuhören und sie in ihrem Tun ernst nehmen. Denn die Ansichten junger Menschen sind oftmals sehr bereichernd, was beispielsweise die Gruppen zeigen, die sich für den Klimawandel stark machen und dafür konsequent auf die Straße gehen. Abgesehen davon haben jüngere Generationen zumeist eine andere Sichtweise auf ganz alltägliche Dinge, die durchaus zum Nachdenken anregen kann.

Jüngere Menschen sind in der Regel sehr offen für Neues, während ältere häufig bestimmte Überzeugungen und Glaubenssätze entwickelt haben, von denen sie sich nur schwer lösen können. Das bewahrt uns natürlich einerseits davor, bestimmte Fehler zu wiederholen, andererseits können uns diese Glaubenssätze aber auch stark einschränken. Die Erfahrung des Alters mit der Offenheit jüngerer Generationen zu kombinieren wäre daher ein erklärtes Ziel.

Auch das Interesse an Technik bzw. neuen Technologien können ältere Menschen von jüngeren lernen. Diese Offenheit für Fortschritte aller Art kann dazu beitragen, dass Sie anpassungsfähiger und flexibler bleiben. Innovationen können unser Leben durchaus bereichern. So hat eine Studie der University of California sogar gezeigt, dass

Menschen, die Veränderungen gegenüber offen sind, tendenziell ein glücklicheres und zufriedeneres Leben führen.

Ideen der „Next Generation" können zudem sehr innovativ sein und älteren Menschen dabei helfen, ihre eingefahrenen Denkmuster zu durchbrechen. Viele junge Menschen haben meist eine hohe Motivation, Dinge bewegen zu wollen. Sie haben visionäre Ideen und treten Problemen häufig sehr lösungsoffen entgegen. Trends wie Digitalisierung und Nachhaltigkeit gehören für sie zum Alltag. Daher kann ein Austausch durchaus sehr viel Positives mit sich bringen.

Die junge Generation kann Älteren daher auf jeden Fall eine Plattform für ihre Weiterentwicklung bieten. Sie können sich getrost von deren Ansichten inspirieren lassen. Umgekehrt können junge Menschen aber auch die Geschichten der Älteren zum Anlass nehmen, darüber nachzudenken, wie sie ihr Leben in Zukunft gestalten wollen. Das Aufeinander-Zugehen kann also ein gegenseitiges Wertschätzen und ein Voneinander-Lernen sein. Sehr schön ist der Vergleich mit einem Kaleidoskop, das uns vor Augen führt, dass unsere Wahrnehmung, unser Blickwinkel immer wieder anders werden kann. Das führt zu einer unglaublichen Dynamik und Lebendigkeit. Schließen wir daher mit einem Zitat von Dietrich Ritschl, der sagt: „Wenn ich sagen soll, wer ich bin, dann erzähle ich meine Geschichte".

IMPRESSUM

Die Autorin wird vertreten durch:

Horizont Media Verlag
c/o Block Services
Stuttgarter Str. 106
70736 Fellbach

www.horizontmedia-verlag.de
kontakt@horizontmedia-verlag.de

Projektleitung: Marlene Zauritz

Wir danken den weiteren Inhaber:Innen der Urheber-
rechte für ihre freundlichen Abdruckgenehmigungen.

Umschlaggestaltung: Denise Gahn
Lektorat: Eva W.
Illustrationen: goderuna (Titelbilder der Geschichten),
depositphotos.com (Ergänzende Zeichnungen)
Druck: Amazon Distribution GmbH

Ab ins nächste Jahrzehnt!